たのしいタイ語
一冊で学ぶ会話、文法、文字

宇戸清治 著

東京 **大学書林** 発行

ドーイステープ寺　階段のナーガ（チェンマイ）

はしがき

　この『たのしいタイ語 一冊で学ぶ会話、文法、文字』は、「発音編」、会話ダイアローグを用いた「文法編」、入門的な「文字編」の3部から構成されています。
　この教材には2つの特徴があります。
　ひとつは大学を初めとする公的、私的教育機関などではじめてタイ語を学ぶ学生、あるいは社会人向けのオープン・アカデミーなどで初級タイ語を学ぼうとする受講生が、どうしても苦手意識を持ってしまうタイ文字によるのではなく、英語学習を通してすでに馴染んでいる発音記号によってタイ語の会話、文法、文字の基礎を学べるよう工夫してあることです。
　もうひとつは、文法事項の説明を必要最小限にとどめ、日常よく使われる会話や文章によって実際の使い方を知ることができるようにしてあること、受講生の理解度を試すための「ドリル」を設けて、知識の定着を図るようにしてあることです。それでもドリルの量が十分とは言えませんし、巻末には解答も付されていますので、この本を教材として使う先生方は、別に独自のドリルを用意されることをお薦めします。
　この教材の主要部はあくまでも「発音編」2課と「文法編」13課の合計15課です。文法編は、各課をPART 1、PART 2に分けてあり、特に基本の文法事項が詰まった最初の2課分は他の課よりも分量が多くなっています。90分～120分授業で1つのPARTを終えるようにすれば、週1回の授業のばあい28週で完結するはずです。
　最後の文字編は授業の残り時間に余裕があったり、学習者や受講生が強くタイ文字を学ぶ意向がある時に使うことを想定してあります。簡略化された構成にはなっていても、タイ文字の読み書きをするための必要にして十分な説明になっています。しかし、タイ文字を本格的に勉強し、辞書を自在に使って運用能力を高めるには、他のテキストや授業でしっかりと基本を身につける必要があります。
　この教材は、まったく初めてタイ語を学ぶ人々のために作られていますが、その内容は、会話ダイアローグでも文法事項でも必要最小限以上のものが含まれており、一部の文法事項には中級レベルのものもあります。教材作成上、最も気をつけたことは、学習者に生きた本物のタイ語を学んでもらうこと、運用力がすぐに身につくような構成にすること、例文やドリルにすぐに使えるものを厳選したこと、発音をしっかり身につけられるようCDをつけたことなどです。この教材によって学習者の皆さんがタイ語を学ぶ楽しみを見つけて頂ければ幸いです。

　　2008年10月

　　　　　　　　　　　　　　　　　　　　　　　　　　　　　　　　著者

目　次

はしがき …… i

発音編１　声調・母音 …… 1

(1)声調の種類と発音　(2)母音　(3)二重母音

発音編１のドリル

発音編２　子音 …… 5

(1)頭子音　(2)無気音と有気音　(3)二重子音　(4)末子音

発音編２のドリル

タイ語のことば遊び …… 9

日常挨拶ことば …… 10

文法編　プロローグ …… 12

第１課　ここは文学部ですか？ …… 13

PART 1　(1)所有、存在 mii「持つ；ある/いる」　(2)「こそあど」表現　(3)人称代名詞

(4)所在 yùu「～にいる/ある」　(5) pen「～です」

(6)chây máy「～でしょう？」と rɯ̌ɯ plàaw「～ですか？」

PART 2　(7)chɯ̂ɯ「～という名前です」　(8)動詞の連続「～しに来る、～しに行く」

(9)接続詞 lɛ́ɛw～「それから、ところで」　(10)cəə kan「(互いに) 出会う」

(11)初対面の挨拶「はじめまして」

【コラム】タイ人の名前

第２課　タイ語の勉強はどう？ …… 23

PART 1　(1)cay「心」が作る合成語　(2)タイ文の基本構造

(3)関係詞 thîi～「～（であるところ）の」　(4)タイ語の時制　(5)終助詞 lâ

(6)可能、許可、承諾の dây　(7)yàaŋray, yaŋŋay「どんな、どのように」

PART 2　(8)～dûay kan「一緒に～」　(9)疑問文 máy「～ですか？」

(10)命令 ～sí「～しなさい」　(11)khəəy＋動詞「～したことがある」

(12)rooŋ「大きな建物」が作る合成語

(13)提案 ～dii máy「～するのもいいんじゃない？」

【コラム】0～100 万までの数字

第３課　あだ名をつけて …… 33

PART 1　(1)khɔ̌ɔŋ「～の」　(2)khɯɯ「～は～です」　(3)tɛ̀ɛ「しかし」と lɛ́「そして」

(4)願望 yàak (cà)～「～したい」　(5)依頼の表現(1)chûay～nɔ̀y「～してください」

(6)仮定 thâa「もし～なら」　(7)形容詞＋pay「～すぎる」

PART 2　(8)～dây ŋay「どうしたら～できるわけ」(反語)　(9)lên「する、遊ぶ」

ii

　　　　　(10) lǎay yàaŋ「多くの種類」　(11) 接続表現 wâa
　　　　　(12) lɛ́ɛw khɔ̌y～「～をした後、続いて～する」
　　　　　(13) 推定 khoŋ (cà)～「たぶん～だろう」
　　　　　(14) 形容詞＋kwàa～「～より～だ」(比較)
第4課　どうやって注文するの？ ･･ 41
　PART 1　(1)～lɛ́ɛw rǔɯ yaŋ「もう～したか？」　(2) aw annii「これにする」
　　　　　(3) 接続詞、前置詞 kàp「～と～」　(4) mòt「尽きる」
　　　　　(5) 前置詞 sǎmràp～「～にとっては」　(6) 限定 chaphɔ́～「～だけ」
　PART 2　(7) 程度 khɛ̂ɛ「～だけ、のみ」　(8) 命令 tɔ̂ŋ＋動詞「～ねばならない」
　　　　　(9) 進行形「～しているところだ」　(10) 目的 phɯ̂a「～のために」
　　　　　(11) mii～yùu「～が～にいる」　(12) 方向動詞～loŋ とその仲間
　　　　　(13) thammay～「どうして、なぜ」
第5課　あの人イケメンね ･･ 49
　PART 1　(1) 禁止 yàa～「～するな」　(2) 様々な終助詞　(3) 類別詞とその使い方
　PART 2　(4) hây の用法　(5) 接続表現の lə́əy と cɯŋ～
　　　　　(6) 理由 phrɔ́ (wâa)～「なぜなら」　(7) 昨日、今週、来月、毎年など
　　　　　(8) mây khɔ̌y～「あまり～でない」
第6課　キックって何？ ･･ 57
　PART 1　(1) 間投詞　(2) 使役その他の hây　(3) 疑問詞のまとめ
　PART 2　(4) mǎay khwaam wâa～「～を意味する」
　　　　　(5)～dây「～できる」以外の可能表現　(6) 可能に準じた表現
　　　　　(7) 不確かな可能性 àat (cà)「～かもしれない」　(8) 推測・判断表現(1)
第7課　明日は約束があります ･･･ 65
　PART 1　(1) 序数 thîi～「第～番目の」　(2) 大学に関係した単語
　　　　　(3) 1日の時刻　(4) 時間の言い方
　PART 2　(5) 曜日、月名、年月日　(6)「～時(日、週、月、年)間」
　　　　　(7) 手段、道具、材料の前置詞　(8) 相手の同意 (kɔ̂) lɛ́ɛw kan「～でいいよね」
第8課　どんな内容の映画？ ･･･ 73
　PART 1　(1) 時に関する接続詞「～の時」、「～する前」など
　　　　　(2)「～も～も」、「～したり～したり」の表現　(3) 色の名称
　PART 2　(4) 動詞連続
第9課　日本では普通のことよ ･･･ 81
　PART 1　(1)「動詞＋動詞」、「動詞＋形容詞」の否定形　(2) 様々なアスペクト
　　　　　(3) rɯ̂aŋ「事、話」

iii

	PART 2	(4)受け身の表現　(5)原因→結果の tham hây　(6)類似、同等の表現
第10課	私達に何の関係があるの？	89
	PART 1	(1) nâa が作る合成語　(2) thúk～「毎～、各～、全～」 (3) mây dâay～「～していない」
	PART 2	(4)不定代名詞　(5)差異、違いの表現　(6)前置詞「～から～まで」 (7)限定の言い方
第11課	吐き気もあります	97
	PART 1	(1) pen の様々な使い方　(2)身体用語　(3)動詞を前から修飾する語
	PART 2	(4)症状と病名　(5)回数の表現 (6)比較の疑問文「AとBではどちらが～ですか？」　(7)推測・判断表現(2)
第12課	お母さんの料理は最高です	105
	PART 1	(1)親族名称　(2)主な単位　(3)依頼の表現(2)
	PART 2	(4)その他の助動詞　(5)最上級　(6)季節の言い方　(7)その他の接続表現(1) (8)よく使われるタイの諺(1)
第13課	ずっと友達でいようね	113
	PART 1	(1)その他の接続表現(2)　(2)形容詞や動詞の抽象名詞化
	PART 2	(3)場所の前置詞　(4)例示・言い替えの表現　(5)よく使われるタイの諺(2)
文字編1	子音字	121
		(1)タイ語の子音字　(2)子音字の書き順　(3)中類字、高類字、低類字の一覧
文字編2	母音字と音節	125
		(1)母音字の種類と発音　(2)母音字の書き方　(3)母音字と音節 (4)「子音+母音+子音」の音節　(5)平音節と促音節の音節　(6)母音字の綴りの変化
文字編3	声調符号	131
		(1)声調符号のある音節　(2)声調符号のついた単語を正しく読む
文字編4	特殊な綴り	133
		(1)その他の末子音　(2)読まない頭子音字　(3)見かけ上の二重子音字の読み方 (4)二度読みする子音字　(5) ร の特殊な発音　(6)様々な符号　(7)タイ数字
文字編5	タイ文講読1	137
		「あゆみはバンコクで勉強中です」、単語
文字編6	タイ文講読2	139
		「教授がロケット祈願祭について訊いた」、単語
付録1	タイ語とはどんな言葉か？	141
		タイ王国について、言語系統、方言、文字、タイ語の基本的な特徴
付録2	類別詞の種類とその使い方	143

類別詞とは何か？、類別詞の使い方、主な類別詞
ドリルに出てきた単語 ……145
タイ語ー日本語 ……145
日本語ータイ語 ……153
ドリル解答 ……158
発音編 1、発音編 2、第 1 課、第 2 課 ……158
第 3 課、第 4 課 …… 159
第 5 課、第 6 課、第 7 課 …… 160
第 8 課、第 9 課 …… 161
第 10 課、第 11 課、第 12 課、第 13 課 ……162
文字編 1、文字編 2、文字編 3、文字編 4 ……163
文字編 5、文字編 6 ……164

吹込／ARPAPORN NAOSARAN
KANLAYA SAENJAIMOON
AKRACHAI MONGKOLCHAI
本書に使用されたカット・写真提供／宇戸清治

発音編1　声調・母音

タイ語には5種類の声調がある。声調が違えば意味も異なってくるのがタイ語の特徴である。

mǎa［イヌ］

máa［ウマ］

1　声調の種類と発音

CD 1

aa　àa　âa　áa　ǎa

声調の発音のコツ

声調	記号	発音の仕方	例
平声	なし	普通の声の高さで平らにまっすぐ	maa「来る」
低声	`	最後まで低い声で平らにまっすぐ	màa「漬ける」
下声	^	高めの音から急に低い音に下げる	mâa「美しい」（古語）
高声	´	最後まで高い声で	máa「馬」
上声	ˇ	低い声から最後には高い音で終わる	mǎa「犬」

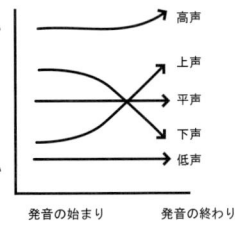

Point　声調は英語のアクセントではなく、もっとなめらかに発音する。

【練習】子音（頭子音、末子音）はまだ習っていないので、先生の発音をまねること。

CD 2

① naa - nâa - nǎa
　田　顔　厚い

② mii - mìi - mǐi
　ある　麺　クマ

③ chaa - cháa - chàa
　茶　遅い　ジュー（擬音）

④ sii - sìi - sǐi
　～なさい　4　色

⑤ yàa maa - yaa mǎa
　来るな　イヌの薬

⑥ sɯ̌a maa - sɯ̂a mǎa
　トラが来る　イヌの服

⑦ nîi mây mày - nîi mày máy - nǐi máay mây
　これは新しくない　これは新しいですか　燃える木から逃げる

2　母音

タイ語の母音は 9 種類あり、発音の長さに応じて長短の区別がある。声調符号は短母音ならその上に、長母音や二重母音の場合は、最初の母音の上に書く。

唇の形	長母音	短母音	母音の発音のコツ
	ii	ìʔ	日本語の「イ」と同じ。
	ee	èʔ	日本語の「エ」と同じ。
	ɛɛ	ɛ̀ʔ	口を大きく開けて「エ」。驚いた時の「エーッ！」の感じで。
	ɯɯ	ɯ̀ʔ	「イ」の口を左右に広げて「ウ」。横笛を吹く時の唇の形。
	əə	ə̀ʔ	半開きの口で「ア」「ウ」の中間のあいまいな音を出す。
	aa	àʔ	日本語の「あ」と同じ。
	uu	ùʔ	唇を丸めて突き出し「ウ」。
	oo	òʔ	唇を丸めて突き出し「オ」。
	ɔɔ	ɔ̀ʔ	口を大きく開けて「オ」。「オーイ！」と言う時の感じで。

Point　ʔ は声門閉鎖音という子音。母音で始まる音節や短母音の後に出る音。

【練習】　CD 3

① ii　ee　ɛɛ　② ɯɯ　əə　aa　③ uu　oo　ɔɔ
④ ìi　ɯ̂ɯ　úu　⑤ ěe　ə̀ə　ôo　⑥ ɛ́ɛ　ǎa　ɔ̀ɔ
⑦ ìʔ　èʔ　ɛ̀ʔ　⑧ ɯ̀ʔ　èʔ　àʔ　⑨ ùʔ　òʔ　ɔ̀ʔ
⑩ íʔ　ɯ́ʔ　úʔ　⑪ éʔ　ə́ʔ　óʔ　⑫ ɛ́ʔ　áʔ　ɔ́ʔ

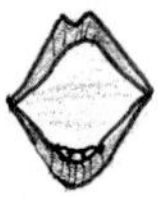

口の開き方 ＼ 舌の位置	前	中	奥
狭い	ii	ɯɯ	uu
中	ee	əə	oo
広い	εε	aa	ɔɔ

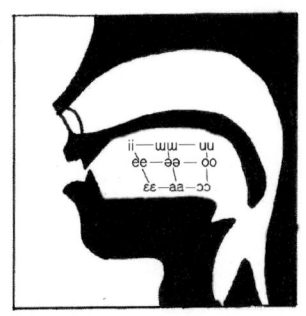

3 二重母音

タイ語の二重母音は３種類ある。最初の母音をやや長めに、後の母音はそっと添える感じで「イーァ」のように発音する。

	３種類の二重母音の単語例			
ia	bia ビール	mia 妻	lia なめる	sǐa 腐る、失う
ɯa	rɯa 船	nɯ́a 肉	sɯ̂a 服	phɯ̂a ～のために
ua	bua ハス	hǔa 頭	wua ウシ	thûa すべての

【練習】 子音（頭子音、末子音）はまだ習っていないので、先生の発音をまねること。

CD 4

① ia ɯa ua
② pia mɯ̂a yûa
③ kia cɯa lɯ̌a
④ hia tîa bîa
⑤ sɯ̌a bɯ̀a chɯ̂a
⑥ tua mua chûa

発音編１のドリル

１．発音された音を＿＿＿に書きなさい。　CD 5

① maa　màa　mâa　máa　mǎa　＿＿＿＿＿

② noo　nòo　nôo　nóo　nǒo　＿＿＿＿＿

③ kɔɔ　kɔ̀ɔ　kɔ̂ɔ　kɔ́ɔ　kɔ̌ɔ　＿＿＿＿＿

④ sɯɯ　sɯ̀ɯ　sɯ̂ɯ　sɯ́ɯ　sɯ̌ɯ　＿＿＿＿＿

⑤ yuu　yùu　yûu　yúu　yǔu　＿＿＿＿＿

２．発音を聞いて声調符号をつけなさい。　CD 6

① maay may（新しい木）　② sɯa naa（厚いござ）

③ nii may may（これは新しい？）　④ yaa nii maa（逃げてくるな）

３．指定された声調で発音しなさい。　CD 7

① naa（平声、低声）　② mii（低声、上声）

③ dɛɛ（平声、低声）　④ suu（低声、下声）

⑤ khɔɔ（平声、下声）　⑥ lɛʔ（低声、高声）

⑦ dɯʔ（低声）　⑧ siʔ（低声、高声）

４．二重母音の声調を正しく発音しなさい。　CD 8

① mia　rɯa　bua　② nîa　sɯ̌a　hǔa

③ sǐa　nɯ́a　yûa　④ tìa　mɯ̂a　phǔa

５．単語を発音します。声調符号もつけて書き取りなさい。　CD 9

①＿＿＿＿＿(この)　②＿＿＿＿＿（草）　③＿＿＿＿＿（新しい）

④＿＿＿＿＿（～か）　⑤＿＿＿＿＿（ｸｯｼｮﾝ）　⑥＿＿＿＿＿（～でない）

⑦＿＿＿＿＿（トラ）　⑧＿＿＿＿＿（頭）　⑨＿＿＿＿＿（おさげ）

 # 発音編2　子音

タイ語の子音には 21 種類の頭子音がある。その多くは日本語の子音と発音が同じである。タイ語の基本的な音節は「頭子音+母音+末子音」の構造になっている。

mɛɛw　ネコ　　　　rák　愛する　　　phɯan　友達

頭子音＋長母音＋末子音　　頭子音＋短母音＋末子音　　頭子音＋二重母音＋末子音

1　頭子音

	両唇音	唇歯音	歯音	硬口蓋音	軟口蓋音	声門音
有声閉鎖音	b		d			
無声無気閉鎖音	p		t	c	k	ʔ
無声有気閉鎖音	ph		th	ch	kh	
摩擦音		f	s			h
弱摩擦音	w			y		
鼻音	m		n		ŋ	
流音			r			
			l			

b-「バ行」… baa　バー　　　　　d-「ダ行」… dàa　ののしる
f-「ファ行」… fay　火　　　　　s-「サ行」… sûu　闘う
h-「ハ行」… hǔu　耳　　　　　w-「ワ行」… wua　ウシ
y-「ヤ行」… yùu　いる　　　　m-「マ行」… maa　来る
n-「ナ行」… nǔu　ネズミ　　　ŋ-「ンガ行」鼻音… ŋaa　ゴマ
r-「ラ行」巻き舌に発音 … rúu　知っている
l-「ラ行」… lɔ̀ɔ　ハンサムな
ʔ-　声門閉鎖音。すぐ後の母音の発音になる… ʔàat　たぶん

Point　頭子音は［ɔɔ］をつけて発音する。声門閉鎖音 ʔ は上の例や ʔaahǎan（料理）のように母音で始まる音節の前にもある。3 課以降は記述を省略する。

2 無気音と有気音

次の8つの頭子音は息の出し方で区別される音である。息を出さない方を「無気音」、息を強く出す方を「有気音」という。これらをしっかり区別して発音しないと、相手に通じない。

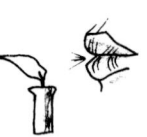

無気音		有気音
p-	息を出さない「パ行」	ph-	息を伴う「パ行」
t-	息を出さない「タ行」	th-	息を伴う「タ行」
c-	息を出さない「チャ行」	ch-	息を伴う「チャ行」
k-	息を出さない「カ行」	kh-	息を伴う「カ行」

炎がゆれない　　　　　　　　　　　炎がゆれる

無気音。有気音の発音のコツ

h は強く吐く息を伴った音＝有気音であることを示す。無気音は「ッパー」「ットー」のように、有気音は「チャハー」「カハー」のような気持ちで発音する。

【練習】 CD 10

① pii　phîi ② tûu　thǔu ③ cà ʔ chaa
④ kaa　khâa ⑤ tɔ̀ɔ　pay ⑥ phûu　pùa
⑦ cay　chaay ⑧ khày　kày ⑨ kìaw　khɔ̂ŋ

3 二重子音

次の11種類の二重子音がある。－は母音がくる位置。

pr-	prà	ふりかける	pl-	plaa	魚		
tr-	traa	印章					
kr-	krɔɔ	紡ぐ	kl-	klua	恐れる	kw-	kwàa ～より
phr-	phráa	太刀	phl-	phlì	芽が出る		
khr-	khruu	先生	khl-	khlɔɔ	随伴する	khw-	khwáa つかむ

Point　二重子音の内、二番目の子音がほとんど発音されないことが多い。

【練習】 CD 11

① pràa　plii ② trii　trùʔ ③ kràʔ klɔ̂ɔ kwaaŋ
④ phrom　phlûa ⑤ khrua khlɔɔ khwǎn

4 末子音

タイ語では音節の最後に来る末子音の発音は次の9種類しかない。

-p …「かっぱ」(kappa)を「かっ」(kap)でとめた時の音。[例] kàp（～と）
-t …「もっと」(motto)を「もっ」(mot)でとめた時の音。[例] hàt（練習する）
-k …「マック」(makku)を「マッ」(mak)でとめた時の音。[例] hàk（折る）
-ʔ …「エッ！」のように最後に息をとめた時の音。声門閉鎖音。[例] tóʔ（机）
-m … 口を閉じて「ーム」の感じに発音する。[例] thǎam（質問する）
-n … 最後に舌先を歯茎につけ「ーヌ」の感じに発音する。[例] thaan（食べる）
-ŋ …「まんが」(maŋŋa)を「まん」(maŋ)でとめた時の音。[例] thaaŋ（道、方法）
-w … 直前の母音が広口の時は「ーオ」、狭口の時は「ーウ」と軽く発音。
　　　　　[例] kàw（古い）、 hǐw（空腹の）
-y …「ーイ」と軽く添えるように発音する。[例] taay（死ぬ）

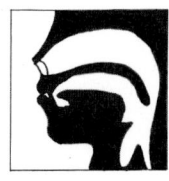　　　　

　　ーm　　　　　ーn　　　　　ーŋ

Point　上から分かるようにタイ語にはfやlなどや二重子音で終わる単語はない。そこで英語のgolfは[kɔ́ɔp]、hotelは「hooteŋ」と発音されている。

【練習】　 CD 12

① phóp 会う　khɛ̂ɛp 狭い　　② sòt 新鮮な　mîit ナイフ
③ lék 小さい　mêek 雲　　　④ rɯ́ʔ ～ですか　dùʔ 叱る
⑤ dam 黒い　hâam 禁ずる　　⑥ sân 短い　　ráan お店
⑦ hɔ̂ŋ 部屋　klaaŋ 中心の　　⑧ rew 速い　　mɛɛw ネコ
⑨ hây あげる　ləəy まったく

発音編２のドリル

１．発音されたものを＿＿＿に書きなさい。　CD 13

① paa　phaa　baa ＿＿＿＿　② tɔɔ　thɔɔ　dɔɔ ＿＿＿＿

③ cɛɛ　chɛɛ　sɛɛ ＿＿＿＿　④ kuu　khuu　ŋuu ＿＿＿＿

２．発音を聞いて＿＿＿に頭子音を書きなさい。　CD 14

① ＿＿ ɔ̂ɔ　② ＿＿ ǔu　③ ＿＿ ǎa

④ ＿＿ áa　⑤ ＿＿ àay　⑥ ＿＿ àa

⑦ ＿＿ ǐi　⑧ ＿＿ ɔ̀ɔ　⑨ ＿＿ ɯ̂ɯ

３．発音を聞いて＿＿＿に末子音を書きなさい。　CD 15

① khâa ＿＿　② lê ＿＿　③ chá ＿＿

④ pàa ＿＿　⑤ tɔ̀ɔ ＿＿　⑥ náa ＿＿

⑦ sǔa ＿＿　⑧ kwâa ＿＿　⑨ yə́ ＿＿

４．次の単語を正しく発音しなさい。　CD 16

① càp（つかむ）　② pàak（口）　③ tàt（切る）

④ nâŋ（座る）　⑤ phǒm（私：髪）　⑥ khon（人）

⑦ klûay（バナナ）　⑧ kraphǎw（カバン）　⑨ plùuk（植える）

【タイ語のことば遊び】

CD 17

ไม้ ใหม่ ไม่ ไหม้ ไหม
máay mày mây mây máy
（木　新しい　〜ない　燃える　〜か？）
新しい木は燃えませんか？

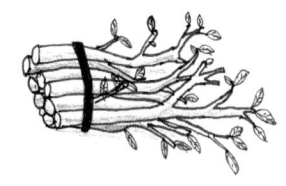

ยักษ์ ใหญ่ ไล่ ยักษ์ เล็ก
yák yày lây yák lék
（鬼　大きな　追い払う　鬼　小さな）
大鬼が小鬼を追い払う

เช้า ฟาด ผัด ฟัก เย็น ฟาด ฟัก ผัด
cháaw fâat phàt fák　yen fâat fák phàt
（朝　食べる　炒める　ウリ　夕方　食べる　ウリ　炒めた）
朝にはウリを炒めて食べ、夕べには炒めたウリを食べる

日常挨拶ことば

CD 18

sawàt dii (khráp / khâ)　　こんにちは
　　สวัสดี (ครับ / ค่ะ)

yindii thîi dây rúucàk (khráp / khâ)　　はじめまして
　　ยินดี ที่ได้ รู้จัก (ครับ / ค่ะ)

sabaay dii rɯ̌ɯ (khráp / khá) ?　　お元気ですか？
　　สบายดี หรือ (ครับ / คะ)

sabaay dii (khráp / khâ)　　元気です
　　สบายดี (ครับ / ค่ะ)

khɔ̀ɔp khun (khráp / khâ)　　ありがとう
　　ขอบคุณ (ครับ / ค่ะ)

khɔ̌ɔ thôot (khráp / khâ)　　すみません
　　ขอโทษ (ครับ / ค่ะ)

mây pen ray (khráp / khâ)　　どういたしまして
　　ไม่เป็นไร (ครับ / ค่ะ)

Point　khráp は男性、 khâ は女性が用いる丁寧な文末詞。女性の場合、疑問文になると高声の khá となるが、男性では変わらない。

lέεw, phóp kan mày (khráp / khâ)　では、また会いましょう
　　แล้ว พบ กัน ใหม่ (ครับ / ค่ะ)

laa kɔ̀ɔn (khráp / khâ)　さようなら
　　ลา ก่อน (ครับ / ค่ะ)

khɔ̌ɔ sadɛɛŋ khwaam yindii (khráp / khâ)　お喜び申し上げます
　　ขอ แสดง ความยินดี (ครับ / ค่ะ)

sùksǎn wan kə̀ət　誕生日おめでとう
　　สุขสันต์ วันเกิด

khɔ̌ɔ hây mii khwaam sùk (khráp / khâ)　どうかお幸せに
　　ขอ ให้ มี ความสุข (ครับ / ค่ะ)

Point　タイでは「よろしくお願いします」、「いってきます」、「ただいま」、「いただきます」、「ごちそうさま」などは使わない。また家族や親しい友人の間では「おはよう」、「こんにちは」などの挨拶語もよそよそしいので使わないのが普通。気軽な仲では chôok dii 「さよなら（幸運を祈ります）」もよく使う。

文法編　プロローグ
―登場人物―

　バンコクの大学のタイ語コースで半年間タイ語を学ぼうとタイにやってきたよう子。キャンパスを下見に来た際、法学部3年生のウアンと知り合い、友達になる。二人は互いの国の若者ことばなどを紹介したりしながら友情を育んでいくのだが、若さゆえの冒険や災難も……。

主な登場人物

よう子　**โยโกะ**

東京のある大学の3年生。バンコクの大学に1年間の予定で語学留学にやってきた。おっちょこちょいなところがある。

ウアン　**อ้วน**

バンコクのある大学の法学部3年生。来年、日本に留学予定で日本語の勉強を始めたばかり。楽天家。

ボーイ　**บอย**

工学部4年生でウアンの「キック」（意味は本文で）。日本語はできないが漫画オタク。コンピューターには強くない。

マニー　**มณี**

ウアンの母。宝飾デザイナーでもある。離婚歴あり。東北タイ料理が得意で明るい性格。

 # 第 1 課
bòt thîi nɯ̀ŋ
บทที่ ๑

ここは文学部ですか？

s.udo

PART 1

◆◇ 単語 ◇◆　 CD 19

- □khɔ̌ɔ thôot [ขอโทษ] すみません
- □khâ [ค่ะ] 女性が使う丁寧辞
- □khá [คะ] 同上（疑問文のみ）
- □mii [มี] ある；持っている
- □aray [อะไร] なに
- □thîi nîi [ที่นี่] ここ
- □tɯ̀k [ตึก] ビル、建物
- □khanáʔ [คณะ] 学部
- □àksɔ̌ɔnsàat [อักษรศาสตร์] 文学

- □~rɯ̌ɯ [หรือ] ～ですか
- □chây máy [ใช่ไหม] ～でしょう？
- □chây [ใช่] はい
- □mây chây [ไม่ใช่] いいえ
- □yùu [อยู่] ある；いる
- □thaaŋ nóon [ทางโน้น] 向こう
- □khun [คุณ] あなた
- □pen~ [เป็น] ～です
- □khon yîipùn [คนญี่ปุ่น] 日本人

13

CD 20

yookò　khɔ̌ɔ thôot khâ.
ûan　khâ. mii aray khá ?
yookò　thîinîi tùk khaná àksɔ̌ɔnsàat chây máy khá ?
ûan　mây chây khâ.
khaná àksɔ̌ɔnsàat yùu tháaŋ nóon.
khun pen khon yîipùn rɯ̌ɯ khá ?
yookò　chây khâ.

1　所有、存在の mii「持つ；ある／いる」

「所有者＋mii＋人／物」の形であれば所有を表わす。タイ語では主語である所有者が省かれるケースも少なくない。

phǒm mii lûuk　私（男）は子供がいます。
(kháw) mii panhǎa　（彼は）問題を抱えています。

「場所＋mii＋人／物」の形になると「〜には〜がいる／ある」と存在の有無を言う表現になる。

thîinîi mii khon thay　ここにはタイ人がいます。
thîi bâan mii mǎa　家にはイヌがいます。

ドリル　下線部に下記の中から適切な単語を入れて練習しなさい。

① phǒm (dichán) mii ＿＿＿＿＿＿＿＿　dichán（私－女性）
② thîi bâan mii ＿＿＿＿＿＿＿＿

rót　自動車	ŋən　お金	kuncɛɛ　カギ	phɯ̂an　友達
mɛɛw　ネコ	kày　ニワトリ	cháaŋ　象	khâaw　米、ご飯

2 タイ語の「こそあど」表現

nîi これ	nân それ	nôon あれ	an nǎy どれ
~níi この~	~nán その~	~nóon あの~	~nǎy どの~
thîinîi ここ	thîinân そこ	thîinôon あそこ	thîinǎy どこ
thaaŋníi こちら	thaaŋnán そちら	thaaŋnóon あちら	thaaŋnǎy どちら

Point khon níi「この人」のように「この、その、あの、どの」は後ろから前の語を修飾する。形容詞も後ろから前の名詞を修飾する。thîinîi「ここ」などは nîi と下声であることに注意。thîi には名詞「場所」以外に、前置詞「~に、~で」の意味がある。

nîi arɔ̀y   これはおいしい。
aahǎan níi arɔ̀y   この料理はおいしい。
khon nán caydii   その人は優しい。
thîinôon rooŋnǎŋ   あそこは映画館です。
aacaan khon nǎy   先生はどの人ですか?

ドリル

1. タイ語は発音した上で日本語に、日本語はタイ語に訳しなさい。
   ① thîinân rooŋrɛɛm   rooŋrɛɛm（ホテル）
   ② thaaŋnóon mii námtòk   námtòk（滝）
   ③ ここには象がいます。
   ④ お母さんはどの人ですか?   お母さん=khun mɛ̂ɛ

2. 下線部に下記の中から適切な単語を入れて練習しなさい。
   ① thîinîi _____
   ② khon níi mii _____
   ③ _____ khon nǎy

 talàat 市場　　 panyaa 知恵　　 fɛɛn 恋人　　 mɔ̌ɔ 医者

3 人称代名詞

	一人称	二人称	三人称	疑問詞
単数	phǒm 私（男） dichán 私（女）	khun あなた	kháw 彼、彼女	khray だれ
複数	raw 私たち	phûak khun あなたたち	phûak kháw 彼ら	

Point 「私」は男女で異なる。「～先生」「～部長」などと呼ぶのは日本語と同じ。また、この本では、dichán「私」（本来はdichǎn）、kháw「彼、彼女」（本来はkhǎw）などの声調は会話体を採用してある。

4 所在の yùu「～にいる／ある」

「人／物＋yùu＋場所」の形をとり「～は～にいる／ある」と所在の有無を表す。yùu の否定は、mây yùu となる。

  khun phɔ̂ɔ yùu thîi ameerikaa   お父さんはアメリカにいる。
  thanaakhaan yùu thîinôon   銀行はあそこにある。
  phûucàtkaan mây yùu   部長はいません（不在です）。

ドリル 次の単語を正しい語順に並べ替え、和訳しなさい。次にそれを否定文にしなさい。

① [yùu aacaan thîi mahǎawítthayaalay]   mahǎawítthayaalay（大学）
② [ráan kaafɛɛ thîi yùu phûak kháw]   ráan kaafɛɛ（喫茶店）
③ [thîi yùu khun mɛ̂ɛ talàat]   khun mɛ̂ɛ（お母さん）

5 pen「～です」

「人＋pen＋名詞」で「～は～です」になる。この場合の名詞は国籍、職業、身分、関係、性別、性質、病気などに限られる。

  dichán pen khon yîipùn   私（女）は日本人です。
  khun mɛ̂ɛ pen khruu   お母さんは先生です。
  kháw pen phûuchaay   彼は男です。

Point pen の否定形は、mây chây「～ではない」となる。mây chây pen ではないことに注意。

  kháw mây chây fɛɛn   彼は恋人ではありません。
  khonnán mây chây phûuyǐŋ   その人は女性ではありません。

ドリル　下線部に下記の語を入れて言いなさい。次にそれを否定形で言いなさい。
① phǒm (dichán) pen ＿＿＿＿
② khun phɔ̂ɔ pen ＿＿＿＿

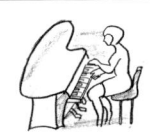   

nákdontrii　音楽家　　tamrùat　警察官　　cìttrakɔɔn　画家　　nákkhǐan　作家

6　chây máy「〜でしょう？」と rɯ̌ɯ plàaw「〜ですか？」

　文末にこれらの語を置くと疑問文になる。chây máy は、自分の方に一定の知識があって、それを相手に「〜でしょう？」と確認する時に使われる。それに対し rɯ̌ɯ plàaw の方は、相手に「〜ですか？」と尋ねる一般的な疑問。
　「AかそれともBか」という選択の疑問文では 2 つの語句の間に rɯ̌ɯ「または」を置く。なお、これらの疑問に対する答え方は以下の通りである。

●肯定する時
　　chây　　　　はい（男女とも、ぞんざい）
　　khráp　　　　はい（男、丁寧）、　khâ　　はい（女、丁寧）
　　chây khráp　はい（男、丁寧）、　chây khâ　はい（女、丁寧）

●否定する時
　　mây chây　いいえ（男女、ぞんざい）
　　plàaw　　　　いいえ（男女、ぞんざい）
　　mây chây khráp　いいえ（男、丁寧）、　mây chây khâ　いいえ（女、丁寧）
　　plàaw khráp「いいえ」（男、丁寧）、　plàaw khâ　いいえ（女、丁寧）

kháw pen nákthúrákìt chây máy	彼はビジネスマンですよね？
khun pen lâam rɯ̌ɯ plàaw	あなたは通訳ですか？
chây khâ, dichán pen lâam	はい、私（女）は通訳です。
plàaw khráp, phǒm mây chây lâam	いいえ、私（男）は通訳ではありません。
kháw pen nákrɔ́ɔŋ rɯ̌	彼女は歌手なんだ？（ちょっと意外な気持ち）
nákrɔ́ɔŋ rɯ̌ɯ náksadɛɛŋ	歌手あるいは俳優。歌手なの？それとも俳優？
khun pen nákrɔ́ɔŋ rɯ̌ɯ náksadɛɛŋ	あなたは歌手ですか、俳優ですか？

Point　rɯ́ 、rə̌ə （会話での声調）を文末に用いると、単なる疑問ではなく、「え！そうなの」という意外な気持ちや、あいづち「ふうん」といった意味になる。

khǎw pen phûukamkàp rɯ́　　（え）彼って映画監督なんだ（意外）。
khun mɛ̂ɛ pen nákkaanmɯaŋ ná　　お母さんは政治家なんだよ。
rə̌ə　　へえー。ふうん。

ドリル　次の日本語をタイ語に訳しなさい。

① あなたはタイ人ですか？
② いいえ。私は日本人です。
③ 彼って弁護士なんだ（意外）。　　弁護士＝thanaaykhwaam

選挙ポスター

会話の日本語訳

よう子　すみません。
ウアン　はい、何でしょう？
よう子　ここは文学部の建物ですよね？
ウアン　いいえ。文学部はあちらです。あなたは日本人ですか？
よう子　はい。

タイ文字

โยโกะ　ขอโทษค่ะ
อ้วน　ค่ะ　มีอะไรคะ
โยโกะ　ที่นี่ตึกคณะอักษรศาสตร์ใช่ไหมคะ
อ้วน　ไม่ใช่ค่ะ　คณะอักษรศาสตร์อยู่ทางโน้น
　　คุณเป็นคนญี่ปุ่นหรือคะ
โยโกะ　ใช่ค่ะ

PART 2

◆◇ 単語 ◇◆ 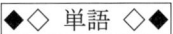 CD 21

- dichán [ดิฉัน] わたし（女性、丁寧）
- chɯ̂ɯ~ [ชื่อ] ~という名です
- maa [มา] 来る
- rian [เรียน] 学ぶ
- phaasǎa thay [ภาษาไทย] タイ語
- chán [ฉัน] わたし（女性、親しい仲で）
- ûan [อ้วน] 太った（この課ではあだ名）
- náksɯ̀ksǎa [นักศึกษา] 大学生
- nítìsàat [นิติศาสตร์] 法学
- yindii [ยินดี] うれしい
- thîi dây~ [ที่ได้] ~して
- rúucàk [รู้จัก] 知り合う
- khɔ̀ɔp khun [ขอบคุณ] ありがとう
- mâak [มาก] とても、たくさん
- ~ná [นะ] ~ね、~よ（文末詞）
- mây pen ray [ไม่เป็นไร] どういたしまして
- lɛ́ɛw~ [แล้ว] （文頭の時）では、それで~
- cəə [เจอ] 出会う
- ~kan [กัน] ~し合う
- mày [ใหม่] また；新しい

CD 22

yookò	dichán chɯ̂ɯ yookò saatôo.
	maa rian phaasǎa thay thîinîi khâ.
ûan	chán chɯ̂ɯ ûan khâ.
	pen náksɯ̀ksǎa khaná nítìsàat.
yookò	yindii thîi dây rúucàk khâ.
	khɔ̀ɔp khun mâak ná khá.
ûan	mây pen ray khâ. lɛ́ɛw cəə kan mày ná.

7　chɯ̂ɯ「~という名前です」

相手の名前を聞く時は aray「何」を文末に置く。失礼のないよう丁寧形にする。

　　khun chɯ̂ɯ aray khráp (khá)　　あなたのお名前は何ですか？
　　dichán chɯ̂ɯ ubon khâ　　　　私はウボンという名前です。

ドリル　下線部に自分の名前（姓ではない）を入れて練習しなさい。
　　phǒm (dichán) chɯ̂ɯ ＿＿＿＿ khráp (khâ)

8　動詞の連続　maa＋動詞「〜しに来る」と、pay＋動詞「〜しに行く」

「妹を迎えに来る」、「友達に会いに行く」などの目的語は、動詞の後に置く。

maa ráp	迎えに来る。
pay phóp	会いに行く。
maa ráp nɔ́ɔŋsǎaw	妹を迎えに来る。
pay phóp phɯ̂an	友達に会いに行く。

ドリル　下線部に下記の中から適切な単語を組み合わせて練習しなさい。

①　maa _____　　②　pay _____

 sɯ́ɯ　買う	 duu　見る	 phóp　会う	 lên　遊ぶ
 náŋsɯ̌ɯ　本	 nǎŋ　映画	 phanrayaa　妻	 fútbɔɔn　サッカー

9　接続詞　lɛ́ɛw〜「それから、ところで」

この語は文末に来ると「もう〜した」と完了の意味だが、文頭に置かれると上の意味になる。付け加えたり、物事が続けて起きる時に使う接続詞。lɛ́ɛw kɔ̂ɔ で使われることが多い。

lɛ́ɛw khun chɯ̂ɯ aray khráp (khá)　　ところで、あなたのお名前は何ですか？
pay sɯ́ɯ khɔ̌ɔŋ, lɛ́ɛw kɔ̂ɔ thaan khâaw　　買い物に行き、それからご飯を食べる。

ドリル　次の単語を正しい語順に並べ替えなさい。
①　ところで、あなたはお金を持っていますか？
　　[khun　ŋən　rɯ̌ɯ plàaw　lɛ́ɛw　mii]
②　映画を見に行く。それから、ごはんを食べに行く。
　　[duu　pay　nǎŋ], [pay　lɛ́ɛw kɔ̂ɔ　khâaw　thaan]

10　cəə kan「(互いに) 出会う」

kan は2人以上の人や物が同じ動作をしたり、同じ状態を共有する時に使われる語。日本語の「(互いに) 〜し合う」に相当する。日本語や英語に訳せないことも多い。

phûut kan	(互いに) 話し合う。
rót chon kan	車が (互いに) 衝突する。
mɯ̌an kan	(互いに) 同じである。

| 11 | 初対面の挨拶「はじめまして」yindii thîi dây rúucàk khráp (khâ)

　タイでは初対面の相手に対して上のように挨拶するが、「よろしくお願いします」にあたる言い方は特にない。日本人の場合、「今後ともよろしくお願いします」とか「お世話になります」と言わないと挨拶した気にならない人が多いが、タイではそういう挨拶そのものがないのだから気にする必要はない。

　ちなみに上の挨拶で使われている語の意味は、yindii「うれしい」、thîi dây「〜して」、rúucàk「知り合う」で、英語の I am very glad to meet you と同じである。別れる時は 16 ページにあげた表現のほかに以下の言い方もある。

　　cəə kan mày　　　　　　じゃあまた。またね（一般的な軽い挨拶。友人の間など）。
　　chôok dii ná　　　　　　じゃあ、元気でね（親しい間で）。
　　pay kɔ̀ɔn ná khráp (khâ)　失礼します（一般的）。
　　khɔ̌ɔ tua kɔ̀ɔn khráp (khâ)　お先に失礼いたします（丁寧。会合を先に抜け出す時など）。

ジャスミンの花輪

| 会話の日本語訳 |

　よう子　　　私は佐藤よう子といいます。
　　　　　　　ここには、タイ語を勉強しに来ました。
　ウアン　　　私はウアンです。法学部の学生です。
　よう子　　　どうぞよろしく。どうもありがとうございました。
　ウアン　　　どういたしまして。じゃあ、また会いましょうね。

| タイ文字 |

　　โยโกะ　　ดิฉันชื่อโยโกะ ซาโต้　มาเรียนภาษาไทยที่นี่ค่ะ
　　อ้วน　　　ฉันชื่ออ้วนค่ะ　เป็นนักศึกษาคณะนิติศาสตร์
　　โยโกะ　　ยินดีที่ได้รู้จักค่ะ　ขอบคุณมากนะคะ
　　อ้วน　　　ไม่เป็นไรค่ะ　แล้วเจอกันใหม่นะ

【コラム】　タイ人の名前

名と姓

タイ人の名前は「名+姓」で表されますが、日本と違うのは日常生活で使われるのはほとんど「名」chɯ̂ɯ の方だということです。政治家、芸能人などの有名人も同じです。昔は 1～2 音節と短い「名」が圧倒的でしたが、現代では 4～5 音節の長いものも珍しくありません。「姓」naamsakun はよい意味を持った語を組み合わせてあるので、一般的に多音節です。でも長すぎて、友達の「姓」を正確に知らない人もいます。

あだ名

家族、友人、同級生、同僚など親しいグループの間では「あだ名」chɯ̂ɯ lên が使われます。タイ人は例外なく皆が「あだ名」を持っています。「あだ名」で多いのは、動物名（kûŋ「エビ」)、植物名（sôm「ミカン」)、色（dɛɛŋ「赤い」)、形容詞（nɔ́ɔy「小さい」)、英語、日本語など多種多様ですが、最も一般的なのは「名」から 1 音節を採ることです。

เหรียญเจริญสุข, น.พ. สมนึก ตปนียวรวงศ์,
ปราสาท วิทยาภัทร์
28. ชูชัย ชัยฤทธิเลิศ
29. ศิวะวงศ์ พรหมอารักษ์, ธีรพจน์ โชคอนันตัง
30. สุนีย์ สัจจาไชยนนท์, ภริยา ฯพณฯ
เอกอัครราชทูตสวิตเซอร์แลนด์ ประจำประเทศไทย
Mrs. Freda Erisman, เจ้ากอแก้วประกายกาวิล ณ
เชียงใหม่
31. เกศสุดา วิสุทธิพันธ์, Mr. Jean Francois
Meyer
32. การแสดงก่อนเปิดงาน
33. อากรศรี-บุษกร ตัณมานะศิริ จากบริษัท กวาง
ไทย จำกัด
34. ชุติมา ธรรมรัฐ, Mr. Christian Ruscio
35. อรรคกานต์ แสงทองฉาย, อัครเดช ก้องวัฒนา,

（タイのビジネス総合月刊誌『GM』2004.6 の社交ページより）

名前の呼び方

気の置けない家族や友人を呼ぶ時は「あだ名」だけで十分ですが、そうでない人の場合は「名」の前に「～さん」にあたる khun をつけます。タイ語の初級者がタイ人に呼びかける時はこの khun をつけるのが基本です。khruu～「～先生」、pâa～「～おばさん」、phûucàtkaan～「部長」などの呼び方は日本とほぼ同じです。

特に、親族名称のひとつである phîi「兄さん、姉さん」、nɔ́ɔŋ「弟、妹」は実際には家族ではない人物にも日常的に用いられます。むしろタイ人同士の会話ではかならず出てくる表現で、それによって先輩・後輩、目上・目下などの間の親密さ、尊敬、謙譲などの心理的関係が明示される構造になっています。

雑誌、新聞などに人名を標記する時は、姓名の前に男性なら naay、既婚女性なら naaŋ、未婚女性なら naaŋsǎaw をつけます。これらが会話で使われるのは公的なあらたまった場所だけで、日常生活の会話で使われることはありません。

บทที่ ๒

第２課

bòt thîi sɔ̌ɔŋ

タイ語の勉強はどう？

S.Udo

PART 1

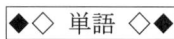

◆◇ 単語 ◇◆

CD 23

□sawàt dii ［สวัสดี］ こんにちは
□khun ［คุณ］ あなた
□dii cay ［ดีใจ］ うれしい
□thîi～ ［ที่］ 関係代名詞；～に、～で
□ìik ［อีก］ また、さらに
□sabaay dii ［สบายดี］ 元気な
□～lâ ［ล่ะ］（同じ内容の事を相手に訊く時）
□rîak ［เรียก］ 呼ぶ
□kɔ̂, kɔ̂ɔ ［ก็］ ～も、～でも
□～kɔ̂(kɔ̂ɔ) dây ［ก็ได้］ ～でもいい
□pen yaŋŋay ［เป็นยังไง］ どうですか
□～bâaŋ ［บ้าง］ いくぶん（動詞句の後）
□sanùk ［สนุก］ 楽しい
□mâak ［มาก］ とても；たくさん

ûan	sawàt dii khâ, khun yookò.
	diicay thîi dây cəə kan ìik. sabaay dii rɯɯ ?
yookò	khâ, sabaay dii.
	lɛ́ɛw, khun ûan lâ khá ?
ûan	rîak ûan kɔ̂ dây.　chán kɔ̂ɔ sabaay dii.
	rian phaasǎa thay pen yaŋŋay bâaŋ ?
yookò	kɔ̂ɔ sanùk mâak.

1　cay「心」が作る合成語

cay という名詞は心理に関する多くの合成語を作る。

（後ろに来る語例＝動詞）　　　　　（前に来る語例＝形容詞）
phɔɔ cay　　満足する　　　　　cay yen　　　冷静な
tòk cay　　　驚く　　　　　　　cay rɔ́ɔn　　 せっかちな
chɔ̂ɔp cay　 気に入る　　　　　cay ráay　　 ひどい
sǐa cay　　　悔やむ　　　　　　cay kwâaŋ　 寛大な

2　タイ文の基本構造「主語＋動詞（形容詞）＋目的語（補語）」

述部が動詞句になっている文の基本構造は上の通り。タイ語では形容詞も動詞と同じに扱われる。助詞「て、に、を、は、が」は、改まった表現の時に使う「に」を除いてタイ語にはない。否定形は動詞や形容詞の前に mây を置くだけである。

fǒn [mây] tòk　　　　　　　　　　雨が降る［降らない］。（動詞）
kháw [mây] klâahǎan　　　　　　 彼は勇敢だ［勇敢ではない］。（形容詞）
raw [mây] rian phaasǎa thay　　 私たちはタイ語を学ぶ［学ばない］。
khun mɛ̂ɛ [mây] pay talàat　　 　お母さんは市場へ行く［行かない］。

Point　タイ語では互いに文脈が共有されている場合は主語を省いてもよい。「とても」「うまく」など程度を表す語は動詞（目的語がある時はその）後につける。

phɔɔ cay rɯ̌ɯ plàaw　　満足ですか？
phɔɔ cay mâak　　　　　 とても満足です。　mâak（とても、たくさん）
mây phɔɔ cay　　　　　　不満です（満足ではありません）。

24

ドリル

タイ語は発音した上で日本語に、日本語はタイ語に訳しなさい。またそれぞれを否定形で言いなさい。

① cɔ̀ɔt rót　　cɔ̀ɔt（止める、止まる）
② aahǎan thay phèt　　phèt（からい）
③ 私は水を飲む。　　水＝náam、 飲む＝dɯ̀ɯm
④ 彼女は英語を教える。　　英語＝phaasǎa aŋkrìt、 教える＝sɔ̌ɔn

3 関係詞　thîi～「～（であるところ）の」

thîi には既習した前置詞「～に、で」の意味以外に、前の名詞や文を修飾する関係詞としての用法がある。

phâap thîi phǒm chɔ̂ɔp　　私の好きな絵。
kháw pen náksadɛɛŋ thîi lên kèŋ　　彼は演技が上手な俳優だ。
náksadɛɛŋ（俳優）　lên（する、遊ぶ）　kèŋ（上手に）
khɔ̀ɔp khun mâak thîi chûay dichán　私を助けてくれてどうもありがとう。
aacaan kròot thîi khun maa sǎay　　あなたが遅刻して、教授は怒っている。

ドリル

① 次の単語を使って「私の好きな～」と言いなさい。

aahǎan（料理）　khon（人）　prathêet（国）
rót（車）　kiilaa（スポーツ）　raaykaan thii wii（テレビ番組）

② 左右の文を意味がつながるように関係詞で結んで一文にしなさい。複数の組み合わせ可能。

khɔ̌ɔ thôot（すみません）	maa sǎay（遅刻する）
dii cay mâak（とてもうれしい）	dâyráp khɔ̌ɔŋkhwǎn（プレゼントをもらう）
àan náŋsɯ̌ɯ（本を読む）	khun mây yùu（あなたがいない）
phǒm sǐacay（ぼくは残念だ）	kháw tòk ŋaan（彼は失業した）
sǐadaay（惜しい）	dichán chɔ̂ɔp（私は好きです）

4　タイ語の時制

- 現在＝動詞をそのまま使う。
- 未来＝「cà＋動詞」。cà は「～するつもりである」と本人の意志や決意も表す。来年の年齢のように確定している事柄などには cà は使わなくてよい。否定形は「cà＋mây＋動詞」となる。

  cà pay nǎy   どこへ行きますか？
  phǒm cà mây sɯ́ɯ rót   私は車は買いません。
  pii nâa, khun aayú thâwray   来年、あなたは何歳ですか？

- 過去＝「dây＋動詞」。肯定文では一般に dây を用いず、動詞のみで過去を表すことが多い。しかし、その否定形「(yaŋ) mây dây＋動詞」＝「(まだ)～していない、しなかった」の方はよく使われる。

  kháw pay thîaw ameeríkaa   彼（彼女）はアメリカへ遊びに行った。
  yaŋ mây dây thaan khâaw   まだご飯を食べていない。
  cháawníi, mây dây duu khàaw 今朝はニュースを観なかった。

- 完了＝「動詞～lɛ́ɛw」。動作の完了「もう～した」や、状態の到達「もう～だ」を示す。

  khun phɔ̂ɔ nɔɔn lɛ́ɛw   父はもう寝ました。
  ìm lɛ́ɛw   もう満腹だ。

<u>Point</u>　タイ語の時制表現は規則的ではない。「来年」、「3年前」など時を示す語句があれば過去や未来がよりはっきり伝えられる。これらは文頭で使っても文末で使ってもよい。強調したい時は文頭に置く。また、mây dây は、「病気ではない」と言う時にも使われる。

  pii nâa, dichán cà pay chiaŋmày   来年、私はチェンマイへ行く。
  raw tɛ̀ŋŋaan pii thîilɛ́ɛw   私たちは去年結婚した。
  khun mɛ̂ɛ mây dây pen rôok máreŋ お母さんはガンではない。

<u>ドリル</u>　日本語をタイ語に訳しなさい。

① ベトナムへ行くつもりです。　　ベトナム＝wîatnaam
② 私はあなたを非難するつもりはありません。　非難する＝tamnì
③ 昨日は会社へ行かなかった。　昨日＝mɯ̂awaanníi、会社＝bɔɔrísàt
④ 兄はまだ働いていない。　兄＝phîi chaay、働く＝thamŋaan
⑤ 去年、私は夫と離婚しました。　去年＝pii thîilɛ́ɛw、夫＝sǎamii、
           ～と離婚する＝yàa kàp

5 終助詞 lâ

同じことを聞く時や、相手の意見を聞く時に文末につける。

mii lûuk kìi khon khá　　お子様は何人いらっしゃるんですか？
　sɔ̌ɔŋ khon khâ　　二人です。
　lɛ́ɛw, khun lâ khá　　それで、おたくは？
sɔ̀ɔp tòk, tham yaŋŋay dii lâ　　試験に落ちた。どうしたらいいかな。

6 可能、許可、承諾の dây

動詞句の後に dây を置くと「〜できる」、「〜していい」という意味になる。否定形にする時は dây の前に否定詞を置いて「〜mây dây」にする。kɔ̂ は「〜も、でも」の意味で、kɔ̂ dây は「〜でもいい」。なお、kɔ̂ と dây は、kɔ̂ɔ や dâay のように長母音で発音されることも多い。

phǒm pay eeŋ dây　　私は自分で行けます。
khun pay kɔ̀ɔn kɔ̂ dây　　あなたは先に行ってもいいです。
thîinîi sùup burìi mây dây　　ここではタバコを吸ってはいけない。

ドリル

1. タイ語を発音した上で日本語に訳しなさい。
   - ① tìt tɔ̀ɔ kàp kháw mây dây　　tìt tɔ̀ɔ kàp（〜と連絡する）
   - ② phǒm kɔ̂ khǐan nawáníyaay dây　　nawáníyaay（小説）
   - ③ duu thùuk khon con mây dây　　duu thùuk（軽蔑する）、khon con（貧しい人）
2. 日本語をタイ語に訳しなさい。さらに、それを否定形にしなさい。
   - ④ 明日は行けます。　　明日＝phrûŋníi
   - ⑤ タイ料理を作ることができます。　　タイ料理＝aahǎan thay、作る＝tham
   - ⑥ 窓を開けてもいいです。　　窓＝nâatàaŋ、開ける＝pə̀ət
   - ⑦ お菓子を食べてもいいです。　　お菓子＝khanǒm

7　yàaŋray, yaŋŋay「どんな、どのように」

様態や方法を訊く時の疑問詞。文末で使う。会話では yaŋŋay と短縮形で使われることが圧倒的に多い。

kháw pen khon yàaŋray	彼はどんな人ですか？
nîi cháy yaŋŋay	これはどのように使いますか？
cháy yaŋŋay kɔ̂ dâay	どう使ってもいいです。

ドリル　日本語をタイ語に訳しなさい。

① この料理はどう作りますか？　　　作る＝tham
② どう話せばいいですか？　　　　　話す＝phûut、いい＝dii
③ 父がどう考えようと構いません。　考える＝khít、〜と構わない＝kɔ̂ dây

バナナ葉包み鶏肉唐揚げ（カイホー・バイトゥーイ）　　タイ焼きそば（パッタイ）

会話の日本語訳

ウアン	こんにちは、よう子さん。また会えて嬉しいわ。お元気？
よう子	ええ、元気です。ウアンさんは元気ですか？
ウアン	ウアンと呼んでいいわよ。私も元気よ。タイ語の勉強はどう？
よう子	とても楽しいです。

タイ文字

อ้วน	สวัสดีค่ะ คุณโยโกะ ดีใจที่ได้เจอกันอีก สบายดีหรือ
โยโกะ	ค่ะ สบายดี แล้วคุณอ้วนล่ะคะ
อ้วน	เรียกอ้วนก็ได้ ฉันก็สบายดี เรียนภาษาไทยเป็นยังไงบ้าง
โยโกะ	ก็สนุกมาก

PART 2

◆◇ 単語 ◇◆　　　　　　　　　　　　CD 25

- □thaan [ทาน] 食べる（丁寧）
- □khâaw [ข้าว] ごはん ; 米
- □~dûay kan [ด้วยกัน] いっしょに~
- □~máy [ไหม] ~ですか
- □dii [ดี] よい
- □~sîi [ซี่] ~よ、~だわ（文末詞）
- □khəəy [เคย] ~したことがある
- □rooŋ aahǎan [โรงอาหาร] (学生)食堂
- □yaŋ~ [ยัง] まだ
- □mây~ [ไม่] ~でない
- □ŋán [งั้น] じゃあ
- □pay [ไป] 行く
- □kin [กิน] 食べる
- □~dii máy [ดีไหม] ~ではどう
- □cà [จะ] (未来 ; 意志)
- □líaŋ [เลี้ยง] おごる ; 養う
- □eeŋ [เอง] 自分で
- □~mây dây [ไม่ได้] だめです
- □~rɔ̀ɔk [หรอก] まったく (~でない)
- □ɔ̀ɔk [ออก] 出す ; 出る
- □ciŋ [จริง] 本当の ; 本当に
- □rə̌ə [เหรอ] =rɯ̌ɯ [หรือ] のくだけた発音
- □khɔ̀ɔp cay [ขอบใจ] ありがとう (親しい人や目下)

CD 26

yookò	thaan khâaw dûay kan máy ?
ûan	dii sîi.
	khəəy thaan thîi rooŋ aahǎan rɯ̌ɯ plàaw ?
yookò	yaŋ mây khəəy pay.
ûan	ŋán, pay kin thîi rooŋ aahǎan dii máy ?
	chán cà líaŋ eeŋ.
yookò	mây dây rɔ̀ɔk! chán cà ɔ̀ɔk.
ûan	ciŋ rə̌ə ? khɔ̀ɔp cay ná.

シーナカリンウィロート大学（バンコク）の学生食堂　　　同

8 ～dûay kan「一緒に～」

文末にkanをつけるのは主語が複数の時で、1人の時はdûayのみ。

phǒm cà pay dûay　　　　　　ぼくも一緒に行く。
raw cà yùu dûay kan　　　　　 僕らは一緒に暮らそう。

Point (chûay…) dûay には「～してくれ」という依頼の意味がある。さらに手段や方法を意味する前置詞「～で」の意味もある。

(chûay) bɔ̀ɔk dûay　　　　　　言ってくれ。
tham dûay máay　　　　　　　木で作る。

ドリル 次の日本語をタイ語に訳しなさい。

① いっしょに映画を観る。　　　　　映画＝nǎŋ
② 止めてくれ。　　　　　　　　　　止める＝cɔ̀ɔt
③ 手で書き、足で消す（馬脚をあらわす）。　手＝mɯɯ、書く＝khǐan、足＝tháaw、消す＝lóp

9 疑問文 máy「～ですか？」

この máy（これは会話での声調。本来はmǎy）を文末に置くと、質問事項に確信がなかったり、相手を誘う時の疑問文になる。動詞、形容詞の述語文にしか使えない点が、どんな述語文でも使える rɯ̌ɯ plàaw と異なる。

nîi phèt máy　　　　　　　　これは辛いですか？
lên pianoo dûay kan máy　　　いっしょにピアノを弾きませんか？

ドリル

1. 下線部に máy か rɯ̌ɯ plàaw を入れ、意味を言いなさい。両方可の場合もある。

   ① krapǎw nàk ＿＿＿＿＿＿　　krapǎw（かばん）、nàk（重い）
   ② kháw pen nák kaanmɯaŋ ＿＿＿＿　　nák kaanmɯaŋ（政治家）
   ③ dɯ̀ɯm bia ＿＿＿＿＿　　dɯ̀ɯm（飲む）、bia（ビール）

2. 日本語をタイ語に訳しなさい。

   ④ あなたは寂しいですか？　　　　寂しい＝ŋǎw
   ⑤ 歌を歌いに行きませんか？　　　歌を歌う＝rɔ́ɔŋ phleeŋ

10 命令～sí「～しなさい」

文末につけて軽く命じたり提案する言い方。低声の sì, sîi となると強調「～だよ」。また、動詞を強く言ったり、形容詞を重ねても命令になる。

rîip pay sí　　　急いで行きなさい。　　rîip（急いで）
nɛ̂ɛnɔɔn sì　　当然だよ。確かさ。　　nɛ̂ɛnɔɔn（確かな）
pay　　　　　　行け！
maa rew rew　　早く来なさい。　　　 rew（速い）

11 khəəy＋動詞「～したことがある」

khəəy sǔam chút thay　　　タイの民族服を着たことがある。
chéɛmp mây khəəy phɛ́ɛ　　チャンピオンは負けたことがない。

Point 否定形には「yaŋ mây khəəy」（まだ～したことがない）もある。
kháw yaŋ mây khəəy pay kruŋthêep　彼女はまだバンコクに行ったことがない。

ドリル 下線部を置き換えて練習しなさい。
① khun khəəy ＿＿＿＿＿ máy
② phǒm (dichán) khəəy ＿＿＿＿＿
③ phǒm (dichán) mây khəəy ＿＿＿＿＿

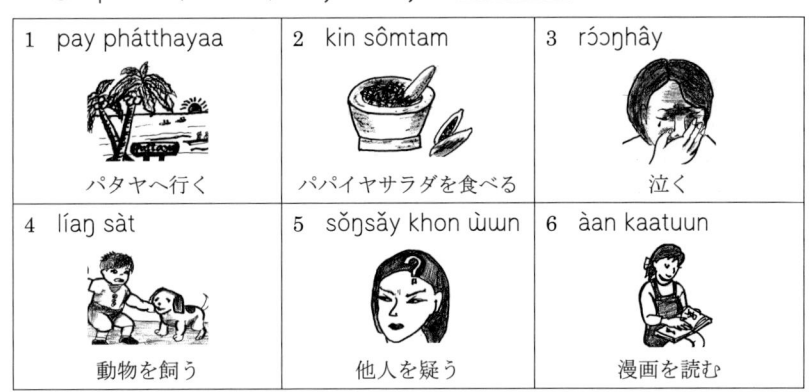

1 pay phátthayaa	2 kin sômtam	3 rɔ́ɔŋhây
パタヤへ行く	パパイヤサラダを食べる	泣く
4 líaŋ sàt	5 sǒŋsǎy khon ɯ̀ɯn	6 àan kaatuun
動物を飼う	他人を疑う	漫画を読む

12 rooŋ「大きな建物」が作る合成語

rooŋrian　　学校　　　　rooŋphayaabaan　病院
rooŋŋaan　　工場　　　　rooŋlakhɔɔn　　劇場
rooŋphák　　警察署　　　rooŋnǎŋ　　　　映画館

13 提案 ～dii máy「～するのもいいんじゃない？」

相手に自己の考えを提案する場合によく使われる表現。直前に動詞述語文が来る。
phákphɔ̀n nítnɔ̀y dii máy　　少し休むのはどう？

ドリル 次の単語を正しい語順に並べ替えなさい。
① 日本料理を食べるのはどう？
　　　[yîipùn　aahǎan　dii　thaan　máy]
② プレゼントを買いに行くのはどう？
　　　[máy　cà pay　khɔ̌ɔŋkhwǎn　dii　sɯ́ɯ]

【コラム】　　　【 0～100万までの数字 】　　　CD 27

0	1	2	3	4	5	6	7	8	9	10
sǔun	nɯ̀ŋ	sɔ̌ɔŋ	sǎam	sìi	hâa	hòk	cèt	pɛ̀ɛt	kâaw	sìp

11	12	20	21	22
sìp-èt	sìp-sɔ̌ɔŋ	yîi-sìp	yîi-sìp-èt	yîi-sìp-sɔ̌ɔŋ

100	rɔ́ɔy, nɯ̀ŋ rɔ́ɔy, rɔ́ɔy nɯŋ （平声になる）
1,000	phan, nɯ̀ŋ phan, phan nɯŋ （平声になる）
10,000	mɯ̀ɯn, nɯ̀ŋ mɯ̀ɯn
100,000	sɛ̌ɛn, nɯ̀ŋ sɛ̌ɛn
1,000,000	láan, nɯ̀ŋ láan

ラムヤイ（1キロ20バーツ）

会話の日本語訳

よう子	いっしょに食事しませんか？
ウアン	いいわよ。学生食堂で食べたことある？
よう子	まだ行ったことがありません。
ウアン	だったら、学食に食べに行くのはどう？　私がおごってあげる。
よう子	だめです。わたしが出します。
ウアン	本当？　ありがとう。

タイ文字

โยโกะ	ทานข้าวด้วยกันไหม
อ้วน	ดีซี่ เคยทานที่โรงอาหารหรือเปล่า
โยโกะ	ยังไม่เคยไป
อ้วน	งั้น ไปกินที่โรงอาหารดีไหม ฉันจะเลี้ยงเอง
โยโกะ	ไม่ได้หรอก ฉันจะออก
อ้วน	จริงเหรอ ขอบใจนะ

第3課 あだ名をつけて

บทที่ ๓ / bòt thîi sǎam

PART 1

◆◇ 単語 ◇◆   CD 28

- □naamsakun [นามสกุล] 姓
- □khɔ̌ɔŋ~ [ของ] ～の
- □khɯɯ [คือ] ～です
- □~chây máy [ใช่ไหม] ～でしょう
- □mii [มี] ある、持っている
- □tɛ̀ɛ [แต่] しかし
- □lên [เล่น] 遊ぶ
- □chɯ̂ɯ lên [ชื่อเล่น] あだ名
- □yàak~ [อยาก] ～したい
- □dây~ [ได้] 得る、もらう
- □chûay [ช่วย] 手伝う
- □nɔ̀y [หน่อย] 少し、ちょっと
- □chûay…nɔ̀y [ช่วย…หน่อย] 手伝って下さい
- □tâŋ hây [ตั้งให้] 付けてあげる
- □thâa [ถ้า] もし～なら
- □ŋán [งั้น] じゃあ、だったら
- □~pen ŋay [เป็นไง] ～はどう？
- □rîap pay [เรียบไป] 平凡すぎる
- □man [มัน] それ
- □chəəy [เชย] ダサい
- □tɛ̀ɛ wâa [แต่ว่า] でも
- □khoŋ~ [คง] たぶん～
- □kwàa~ [กว่า] ～より
- □~lâ [ล่ะ] ～かな、～だわね

ûan	naamsakun khɔ̌ɔŋ yookò khɯɯ saatôo chây máy ?　mii chɯ̂ɯ lên rɯ̌ɯ plàaw ?
yookò	mây mii rɔ̀ɔk. tɛ̀ɛ chán yàak dây ná. chûay tâŋ hây nɔ̀y.
ûan	thâa ŋán, chɯ̂ɯ yoo pen ŋay ? rîap pay rɯ̌ɯ plàaw ?
yookò	man chəəy pay nɔ̀y ná. tɛ̀ɛ wâa, kɔ̂ɔ khoŋ dii kwàa chɯ̂ɯ ûan lâ.

1　khɔ̌ɔŋ「〜の」

「私の本」「あなたの家」のように所有や相互関係をはっきり示す時に使う。「日本の経済」のような場合には一般に使わない。

　　　bâan khɔ̌ɔŋ khun　あなたの家　　　sèetthakìt yîipùn　日本の経済

2　khɯɯ「〜は〜です」

khɯɯ は「日本の首都は東京です」、「父はこの人です」のようにA＝B、B＝Aが成立する時に使われる。pen との違いに気をつけよう。「これ」など指示詞が主語の時も khɯɯ を使う。pen も khɯɯ も否定形はどちらも mây chây。

mɯaŋlǔaŋ khɔ̌ɔŋ yîipùn khɯɯ tookiaw　日本の首都は東京です。
nîi khɯɯ way khǎaw thay　　　　　　　これがタイの白ワインです。

ドリル

1. 下線部に pen か khɯɯ を入れ、意味を言いなさい。
   ① nîi _____ plaa dìp　　　　　　plaa dìp (さしみ=生の魚)
   ② kháw _____ nák thôŋthîaw　　　nák thôŋthîaw (ツーリスト)
   ③ khrɯ̂aŋ dɯ̀ɯm thîi phǒm chɔ̂ɔp_____bia　khrɯ̂aŋ dɯ̀ɯm (飲み物)

2. 日本語をタイ語に訳し、さらにそれを否定形にしなさい。
   ④ あの人がプラニーさんです。　あの人=khon nán、プラニーさん=khun praanii
   ⑤ 歌うことは私の趣味です。　歌うこと=kaan rɔ́ɔŋ phleeŋ、趣味=ŋaan adìrèek

3　tɛ̀ɛ「しかし」と lɛ́「そして」

tɛ̀ɛ wâa 「しかし、でも」もあるが、こちらの方はどちらかといえば会話で使われる。

nɯay mâak, tɛ̀ɛ yaŋ mii ŋaan　　とても疲れているが、まだ仕事がある。
anníi phɛɛŋ, tɛ̀ɛ wâa khunnaphâap dii　これは高い。でも品質は良い。
klaaŋwan sawàaŋ, lɛ́ rɔ́ɔn dûay　　昼は明るい、そして暑くもある。

ドリル 下線部に tɛ̀ɛ か lɛ́ を入れ、意味を言いなさい。
① khun pay, ＿＿＿＿ dichán mây pay
② krapǎw níi yày, ＿＿＿＿ nàk dûay　　krapǎw かばん、yày 大きい、nàk 重い
③ nâataa sǔay, ＿＿＿＿ cay dam　　nâataa 顔、sǔay 美しい、cay dam 意地悪な

4 願望 yàak (cà) ～「～したい」

dichán yàak mii lûuk　　私は子供がほしい。
yàak cà khǎay bâan lɛ́ thîidin　　家と土地を売りたい。

ドリル 日本語をタイ語に訳しなさい。
① トムヤムクンを食べたい。　トムヤムクン＝tômyamkûŋ
② タイに遊びに行きたい。　タイ国＝mɯaŋ thay、遊びに行く＝pay thîaw

5 依頼の表現(1) chûay～nɔ̀y「ちょっと～してください」

chûay は「助ける」、nɔ̀y は「ちょっと」。chûay～hây nɔ̀y となると「(私のために)～して下さい」の意味になる。

chûay pìt pratuu nɔ̀y　　ちょっとドアを閉めてください。
chûay thàay èekkasǎan níi hây nɔ̀y　　ちょっとこの書類をコピーしてください。

Point この表現は目上の人や丁寧にものを頼む時は失礼なので、「～dây máy khráp／khá」(～していただけませんか？)を文末に付け加える。
chûay khàp cháa cháa nɔ̀y dây máy khá　ゆっくり運転していただけませんか？

ドリル 日本語をタイ語に訳しなさい。 
① ちょっとゆっくり話してください。　話す＝phûut
② ちょっと砂糖をとってください。　砂糖＝námtaan、とる(送る)＝sòŋ
③ 私にタイ語を教えてください。　教える＝sɔ̌ɔn

6 仮定 thâa「もし～なら」

thâa thùuk lɔ́ttəərîi, yàak cà sɯ́ɯ aray　もし宝くじに当たったら、何を買いたい？
thâa òk hàk, chán cà taay　　もし失恋したら、私は死にます。

ドリル　左右の文を意味がつながるように thâa を使って一文にしなさい。
複数回答可。

mii weelaa wâaŋ（暇な時間がある）	khun cà tham aray（あなたは何をする？）
lɯɯm kuŋcɛɛ（カギを忘れる）	cà khâw bâan mây dây ná（家に入れないよ）
bɔ̀ɔk khwaam ciŋ（真実を語る）	cà pralàat cay nɛ̂ɛ（きっと驚く）
lə̂ək sùup burìi（喫煙をやめる）	dichán cà diicay mâak（私はとてもうれしい）

7　形容詞＋pay「～すぎる」

「形容詞＋(kəən) pay」という表現も同じ意味になる。なお、kəən は「～を超えた、～以上の」。

klay pay　遠すぎる	yâak pay　難しすぎる
yûŋ kəən pay　忙しすぎる	khɛ̆ŋrɛɛŋ kəən pay　元気すぎる

ドリル　日本語をタイ語に訳しなさい。

① 電話代が高すぎる。　　電話代＝khâa thoorasàp
② ここは汚すぎる。　　汚い＝sòkkapròk
③ あなたはたくさん働きすぎる。　　働く＝thamŋaan

会話の日本語訳

ウアン　あなたの姓は佐藤だよね。あだ名はあるの？
よう子　ないの。でも、わたし欲しいな。つけてくれない？
ウアン　じゃあ、ヨーという名前ではどう？　平凡すぎる？
よう子　ちょっとダサイかな。でもウアン（「太った」）よりましかも。

タイ文字

อ้วน　นามสกุลของโยโกะคือซาโต้ใช่ไหม
มีชื่อเล่นหรือเปล่า
โยโกะ　ไม่มีหรอก แต่ฉันอยากได้นะ ช่วยตั้งให้หน่อย
อ้วน　ถ้างั้น ชื่อโยเป็นไง　เรียบไปหรือเปล่า
โยโกะ　มันเชยไปหน่อยนะ แต่ว่า ก็คงดีกว่าชื่ออ้วนล่ะ

PART 2

◆◇ 単語 ◇◆   CD 30

- é [เอ๊ะ] え？
- phûut [พูด] 言う、話す
- yaŋŋán [ยังงั้น] そのように
- ~dây ŋay [ได้ไง] よくも～できるわね
- phûut lên [พูดเล่น] 冗談を言う
- ~nâa [น่า] ～よ
- ôohŏo [โอ้โห] まあ！おお！
- yə́ [เยอะ] たくさんの（口語）
- caŋ [จัง] とても
- lăay~ [หลาย] 多くの～
- yàaŋ [อย่าง] 種類
- raakhaa [ราคา] 価格
- thùuk [ถูก] 安い；正しい
- ~lâ [ล่ะ] ～なの？
- duu [ดู] 見る
- ~kɔ̀ɔn [ก่อน] まず、先に
- wâa~ [ว่า] ～と、～かどうか
- lɛ́ɛw khɔ̂y~ [แล้วค่อย] ～してそれから～
- sàŋ [สั่ง] 注文する、命じる
- ~dây máy [ได้ไหม] ～してもいいですか？
- ~sì [สิ] ～よ（文末詞）
- nɛ̂ɛ nɔɔn [แน่นอน] もちろん

CD 31

ûan	é, phûut yaŋŋán dây ŋay !
yookɔ̀	phûut lên nâa.　ôohŏo, mii khon yə́ caŋ ! aahăan kɔ̂ mii lăay yàaŋ.
ûan	raakhaa kɔ̂ thùuk ná. yoo, yàak cà kin aray lâ ?
yookɔ̀	duu kɔ̀ɔn wâa mii aray, lɛ́ɛw khɔ̂y sàŋ dây máy ?
ûan	dây sì, nɛ̂ɛ nɔɔn.

8 ~dây ŋay「どうしたら～できるわけ」（反語）

　反語的な言い方。dây「～できる」、ŋay は yàaŋray「どう」→ yaŋŋay をさらに略した形。ここの会話では冗談としてこのような言い方をしている。口語で使うことが多い。

　　　ŋay, rûup lɔ̀ɔ chây máy　　どう、ハンサムでしょう。
　　　tham khon diaw dây ŋay　　一人でやれるわけないでしょう。

> ドリル　タイ語を発音したうえ、日本語に訳しなさい。
> ① ŋay, sabaay dii rɯɯ
> ② koohòk dichán dây ŋay　　　　koohòk（嘘をつく）

9　lên「する、遊ぶ」

「動詞＋lên」となると「遊びで〜する」となる。合成語（名詞）も作る。
　lên ŋaan　　やっつける　　　lên theennít　　テニスをする
　dəən lên　　散歩する　　　　lɔ́ɔ lên　　　　からかう
　chɯ̂ɯ lên　　あだ名　　　　　khɔ̌ɔŋ lên　　　おもちゃ

10　lǎay yàaŋ「多くの種類」

lǎay は後に類別詞を伴って「多くの〜」という意味を表す。類別詞とは「〜人」、「〜台」、「〜軒」、「〜匹」、「〜個」など、物の数を数えるときに使う語。付録2参照。
　　lǎay khon　　何人も　　　　lǎay wan　　何日も
　　lǎay khráŋ　　何度も　　　　lǎay lêm　　何冊も

> ドリル　下記の類別詞を使って「多くの〜」と表現しなさい。

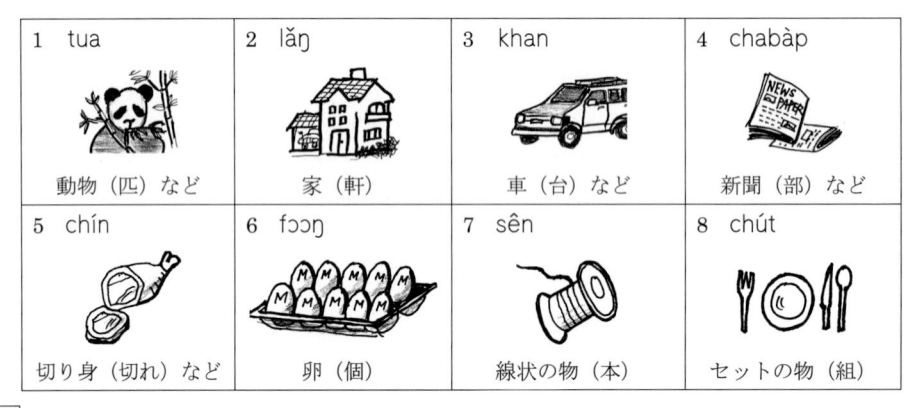

1　tua	2　lǎŋ	3　khan	4　chabàp
動物（匹）など	家（軒）	車（台）など	新聞（部）など
5　chín	6　fɔɔŋ	7　sên	8　chút
切り身（切れ）など	卵（個）	線状の物（本）	セットの物（組）

11　接続表現の wâa

　wâa は2つの文をつないで、「〜と（思う、聞いた、知っている）」という意味を表す。なお、動詞として単独で使う時の意味は「言う、批判する」。
● khít wâa =「〜と思う、考える」
　　chán khít wâa kháw pen khon sɯ̂ɯsàt　　私は、彼は誠実な人だと思う。
● rúusɯ̀k wâa =「〜と感じる」
　　phǒm mây rúusɯ̀k wâa lambàak　　ぼくは大変だとは感じていない。
● bɔ̀ɔk wâa =「〜と言う」
　　bɔ̀ɔk lǎay khráŋ lɛ́ɛw wâa mây mii weelaa　　時間がないと何度も言いました。

Point wâa の前に来る動詞は、思考、感覚、発言などが多い。

ドリル 下線部に適切な語を入れて、日本語に訳しなさい。複数の答えが可能。
① _____ wâa mɯaŋ thay nâa yùu mâak　　nâa yùu（住みやすい）
② raw _____ wâa pháatsapɔ̀ɔt níi plɔɔm　　plɔɔm（にせの）
③ nîi phaasǎa thay _____ wâa aray

1 khít	2 khâwcay	3 rúu	4 sǒŋsǎy
考える、思う	理解する、分かる	知っている	疑う
5 wǎŋ	6 bɔ̀ɔk	7 dâyyin	8 rîak
期待する	言う、告げる	聞く、耳にする	呼ぶ

12　lɛ́ɛw khɔ̂y ～「～をした後、続いて～する」

tham kaan bâan kɔ̀ɔn, lɛ́ɛw khɔ̂y pay thîaw
　　　　　　　　　　　　　　まず宿題をやってから、遊びに行く。
tɔ̀ɔ rɔɔŋ kɔ̀ɔn, lɛ́ɛw khɔ̂y tàtsǐncay
　　　　　　　　　　　　　　まず値段を交渉して、それから決める。

ドリル 日本語をタイ語に訳しなさい。
① まずは見て、それから買う。
② まずは食べて、それから意見を言います（出します）。
　　　　　　　　　　　　意見を言う=ɔ̀ɔk khwaam hěn

13　推定の khoŋ (cà) ～「たぶん～だろう」

否定形は「khoŋ (cà) mây+動詞」となる。
nǎaw mâak, hìmá khoŋ cà tòk　　とても寒い。たぶん雪が降るだろう。
piiníi, chán khoŋ cà tɛ̀ŋŋaan　　今年、私はたぶん結婚するでしょう。
khun phɔ̂ɔ khoŋ (cà) mây klàp bâan　　父はたぶん家に帰ってこないだろう。

ドリル タイ語を発音した上で日本語に訳しなさい。
① kháw khoŋ cà maa kɔ̀ɔn thîaŋ　　kɔ̀ɔn（～の前に）、thîaŋ（正午）
② raw khoŋ cà chaná sàttruu　　chaná（勝つ）、sàttruu（敵）
③ kháw khoŋ cà mây rúu khwaamciŋ　　rúu（知っている）

14 形容詞＋kwàa〜「〜より〜だ」（比較）

phɔ̌ɔm kwàa naaŋbɛ̀ɛp　　　　　モデルより痩せている。
khǎaw kwàa hìmá　　　　　　　雪より白い。
kháw sǔay kwàa piithîilɛ́ɛw　　彼女は去年よりきれいだ。
nɔ́ɔŋchaay sǔuŋ kwàa phîichaay　弟は兄より背が高い。

Point　kwàa でとめ、後に比較するものを置かない表現もある。
kin cháa cháa dii kwàa　　　　ゆっくり食べた方がよい。
khun lə̂ək kin lâw dii kwàa　　あなたは飲酒をやめた方がよい。

ドリル　日本語をタイ語に訳しなさい。
① 君が彼より賢い。　　　　　　　君＝thəə、賢い＝chalàat
② 家族は仕事より大事だ。　　　　家族＝khrɔ̂ɔpkhrua、大事な、重要な＝sǎmkhan
③ 今年は去年よりもっと幸せだ。　幸せだ＝mii khwaam sùk、もっと＝mâak
④ あなたは医者に行った方がよい。医者に行く＝pay hǎa mɔ̌ɔ
⑤ BTS（高架鉄道）に乗る方が速い。BTS＝bii thii es、乗る＝khûn

会話の日本語訳

ウアン　　ちょっと、そんなふうに言うわけ。
よう子　　冗談よ。うわー、人が多いのね。料理も種類がいっぱい。
ウアン　　値段も安いわよ。ヨーは何が食べたい？
よう子　　何があるか先に見て、それから注文してもいいかな。
ウアン　　もちろん、いいわよ。

タイ文字

อ้วน　　　เอ๊ะ พูดยังงั้นได้ไง
โยโกะ　　พูดเล่นน่า โอ้โห มีคนเยอะจัง อาหารก็มีหลายอย่าง
อ้วน　　　ราคาก็ถูกนะ โย อยากจะกินอะไรล่ะ
โยโกะ　　ดูก่อนว่ามีอะไร แล้วค่อยสั่งได้ไหม
อ้วน　　　ได้สิ แน่นอน

第4課 どうやって注文するの？

บทที่ ๔　bòt thîi sìi

PART 1

◆◇ 単語 ◇◆　CD 32

- lɯ̂ak [เลือก] 選ぶ
- rɯ̌ɯ yaŋ [หรือยัง] もう～したか
- aw [เอา] 取る、要る
- an níi [อันนี้] これ
- kàp～ [กับ] ～と
- an nán [อันนั้น] それ
- námsôm [น้ำส้ม] オレンジジュース
- ～dûay [ด้วย] ～も
- yaŋŋay [ยังไง] どのように
- ŋâay [ง่าย] 簡単な
- chíi [ชี้] 指さす
- níw [นิ้ว] 指

- ～lɛ́ [และ] そして
- bɔ̀ɔk wâa～ [บอกว่า] ～と言う
- aw nîi [เอานี่] これを下さい
- mòt [หมด] 尽きる、なくなる
- rɯ̂aŋ [เรื่อง] 事柄；話
- mòt rɯ̂aŋ [หมดเรื่อง] 片がつく
- sǎmràp [สำหรับ] ～に関しては
- nâa cà～ [น่าจะ] ～すべき
- khɔ̂y khɔ̂y～ [ค่อยๆ] 少しずつ
- cam [จำ] 覚える
- phàt thay [ผัดไทย] タイ焼きそば

41

CD 33

ûan	yoo, lɯ̂ak dây lɛ́ɛw rɯ̌ɯ yaŋ ?
yookò	aw an níi kàp an nán, lɛ́ɛw kɔ̂ɔ námsôm dûay. sàŋ yaŋŋay dii lâ ?
ûan	ŋâay mâak. chíi níw, lɛ́ bɔ̀ɔk wâa aw nîi, kɔ̂ɔ mòt rɯ̂aŋ. sǎmràp chɯ̂ɯ aahǎan, yoo nâa cà khɔ̂y khɔ̂y cam ná.
yookò	lɛ́ɛw, ûan cà sàŋ aray ?
ûan	chán aw phàt thay.

1 ～lɛ́ɛw rɯ̌ɯ yaŋ「もう～したか？」

会話では「～rɯ̌ɯ yaŋ」の言い方もある。返事をする時、肯定の場合は「動詞～lɛ́ɛw」、否定の場合は「yaŋ mây (dây) +動詞」（まだ～していない）で答える。

sèt lɛ́ɛw rɯ̌ɯ yaŋ　もう終わりましたか？
sèt lɛ́ɛw　終わりました。
yaŋ mây (dây) sèt　まだ終わっていません。

ドリル　次の問いの意味を言い、肯定と否定で答えなさい。

① láaŋ nâa lɛ́ɛw rɯ̌ɯ yaŋ　　láaŋ（洗う）、nâa（顔）
② khun khâwcay lɛ́ɛw rɯ̌ɯ yaŋ　　khâwcay（理解する、分かる）

2 aw anníi「これにする、これが欲しい」

aw「要る、取る」。物を買ったり、一方を選んだりする時に使う。an は小さな物を指す類別詞（日本語では「個」など）だが、他の類別詞（ここでは料理）の代用にもなる。また下のようにいろいろな熟語としても使われる。

aw cay	ご機嫌をとる	aw ciŋ	真面目に
aw thə̀	いいとも	aw lâ	さあて、よし

kháw pen khon aw cay yâak　彼はご機嫌をとりにくい人だ。

Point　物を指して「これ」という時、会話では anníi の方が nîi よりよく使われる。

3 kàp「～と～（接続詞）」、「～と、に」（前置詞）

接続詞としては「A とB」のように 2 つの名詞を結ぶ時に使われる。前置詞の時は「彼と行く」「あなたに賛成」などの場合に用いる。

dèk kàp phûuyày　子どもと大人。
kaan mwaŋ kàp sèetthakìt　政治と経済。
pay tên ram kàp fɛɛn　恋人とダンスをしに行く。
phaasǎa laaw khláay kàp phaasǎa thay　ラオス語はタイ語と似ている。

ドリル　タイ語は日本語に、日本語はタイ語に訳しなさい。

① sǒŋkhraam kàp sǎntìphâap　sǒŋkhraam（戦争）、sǎntìphâap（平和）
② bâan yùu klây kàp mɛ̂ɛnáam　klây（近い）、mɛ̂ɛnáam（川）
③ 私はドリアンとマンゴーが好きです。　ドリアン＝thúrian　マンゴー＝mamûaŋ
④ 彼は私の友達と結婚した。　結婚する＝tɛ̀ŋŋaan

4 mòt「尽きる」

mòt kamlaŋ cay　元気をなくす　mòt panhǎa　問題がなくなる
mòt tua　すっからかんになる　kin mòt　食べ尽くす

5 前置詞 sǎmràp～「～としては、～にとっては」

「～としては」の意味のほか、用途「～用の」の意味もある。

sǎmràp sǎw sǎaw, òt khanǒm khéek yâak
若い女性にはケーキを我慢するのは難しい。
sǎmràp chán, lûuk sǎmkhan kwàa sǎamii　私にとっては夫より子どもが大事だ。

ドリル　日本語をタイ語に訳しなさい。

① náam níi mây mɔ̀ sǎmràp dɯ̀ɯm　náam（水）、dɯ̀ɯm（飲む）
② càay ŋən 500 bàat sǎmràp khâa aahǎan　càay ŋən（お金を払う）、khâa（～代）
③ これは手術用に使います。　手術＝kaan phàa tàt、使う＝cháy
④ タイ人にとっては自由がとても大事だ。　自由＝sěeriiphâap

バンコクの摩天楼

6 限定 chaphɔ́~「~だけ」

chaphɔ́ は対象や時間を限定する時に使われる。なお、tɛ̀ɛ や phiaŋ (khɛ̂ɛ) にも「~しか~でない」の意味があり、こちらは少ない数量を言う時に使われる。後者の場合、最後にthâwnán「~のみ、~だけ」が付くことが多い。

dooy chaphɔ́　　　　特に、とりわけ
lûuksǎaw cà rian chaphɔ́ tɔɔn kɔ̀ɔn sɔ̀ɔp　　娘は試験の前だけ勉強する。
wan sǎaw, thamŋaan chaphɔ́ tɔɔn cháaw　　土曜日は、午前だけ働きます。
mii lɯ̌a phiaŋ 2 wan (thâwnán)　　残りは2日間しかありません。

ドリル　日本語をタイ語に訳しなさい。
① mii phiaŋ 100 bàat thâwnán
② khɔ̌ɔŋkhwǎn níi, mɔ̂ɔp hây chaphɔ́ khun
　　　　　khɔ̌ɔŋkhwǎn（プレゼント）、mɔ̂ɔp hây（あげる、渡す）
③ このレストランには高い料理しかない。
　　　　　レストラン=pháttakhaan　高い=phɛɛŋ
④ 私はタイ料理はなんでも好きです。特にトムヤムクンは。
　　　　　なんでも=thúk yàaŋ、トムヤムクン=tôm yam kûŋ

会話の日本語訳

ウアン　ヨー、もう決めた？
よう子　これとあれと、オレンジジュースにする。
　　　　どうやって注文したらいいのかな？
ウアン　そんなの簡単よ。指をさして「これちょうだい」でおしまい。
　　　　料理の名前は、だんだん覚えてね。
よう子　それで、ウアンは何を注文するの？
ウアン　私はパッタイ（タイ焼きそば）にするわ。

タイ文字

อ้วน　　　โย เลือกได้แล้วหรือยัง
โยโกะ　　เอาอันนี้กับอันนั้น แล้วก็น้ำส้มด้วย สั่งยังไงดีล่ะ
อ้วน　　　ง่ายมาก ชี้นิ้วและบอกว่า เอานี่ ก็หมดเรื่อง
　　　　　สำหรับชื่ออาหาร โย น่าจะค่อยๆ จำนะ
โยโกะ　　แล้ว อ้วนจะสั่งอะไร
อ้วน　　　ฉันเอาผัดไทย

PART 2

◆◇ 単語 ◇◆　　　　　　　　　　CD 34

- khɛ̂ɛ nán [แค่นั้น] それのみ
- rɯ́ [รึ] 〜なの?
- nɔ́ɔy [น้อย] 少ない
- mây tôŋ〜 [ไม่ต้อง] 〜の必要はない
- pen hùaŋ [เป็นห่วง] 心配する
- kamlaŋ〜 [กำลัง] 〜しつつある
- dayʔèt [ไดเอ็ด] ダイエット
- phɯ̂a〜 [เพื่อ] 〜のために
- fɛɛn [แฟน] 恋人
- phɔ̌ɔm [ผอม] 痩せた
- phɔɔ dii [พอดี] ちょうど
- mii sanèe [มีเสน่ห์] 魅力がある
- 〜yùu lɛ́ɛw [อยู่แล้ว] すでに〜である
- 〜loŋ [ลง] 減少の副動詞；下がる
- thammay [ทำไม] なぜ
- mɛ̌ɛ [แหม] まあ!
- thəə [เธอ] あなた(友人に使う)
- khít wâa〜 [คิดว่า] 〜と思う
- yaŋŋán [ยังงั้น] そのように
- khâaw phàt [ข้าวผัด] チャーハン
- kûŋ [กุ้ง] エビ
- mǔu [หมู] 豚
- thɔ̂ɔt [ทอด] 揚げる
- há [ฮะ] エッ!?

　　　　　　　　　　　　　　　CD 35

yookò　　khɛ̂ɛ nán rɯ́? kin nɔ́ɔy ná.

ûan　　　mây tôŋ pen hùaŋ.
　　　　　chán kamlaŋ dayʔèt phɯ̂a cà dây fɛɛn mày.

yookò　　ûan kɔ̂ phɔ̌ɔm phɔɔ dii, lɛ́ mii sanèe
　　　　　yùu lɛ́ɛw. cà phɔ̌ɔm loŋ ìik thammay!

ûan　　　mɛ̌ɛ, thəə kɔ̂ khít wâa yaŋŋán rɯ̌ɯ?
　　　　　ŋán, aw khâaw phàt kûŋ, lɛ́ɛw kɔ̂ɔ
　　　　　mǔu thɔ̂ɔt dûay.

yookò　　há!

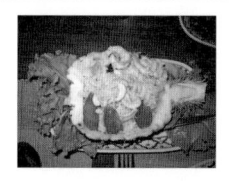

パイナップル蒸しごはん　　　豚肉炒め

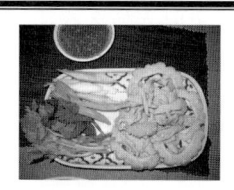

7 程度 khɛ̂ɛ「～だけ、のみ」

khɛ̂ɛ níi　これだけ　　khɛ̂ɛ nán　それだけ　　khɛ̂ɛ nǎy　どれくらい

8 命令 tɔ̂ŋ＋動詞「～ねばならない」

否定形では mây tɔ̂ŋ「～する必要がない」になる。

raw tɔ̂ŋ rûam mɯɯ kan　　　　　われわれは団結しなくてはならない。
khun mây tɔ̂ŋ khuy kàp câwnaay　あなたは上司と話す必要はない。

Point tɔ̂ŋ には「～にちがいない」の意味もある。khuan「～するべき」、mây khuan「～するべきではない」（危険、違法、不適だから）も知っておこう。

wɛ̌ɛn níi tɔ̂ŋ phɛɛŋ nɛ̂ɛ　　　　この指輪は絶対に高いにちがいない。
khun mây khuan (cà) pay irák　あなたはイラクに行くべきではない。

ドリル 下線部に tɔ̂ŋ、mây tɔ̂ŋ、khuan を入れ、意味を言いなさい。1つしか入らないものもある。

① _____ khǐan pen phaasǎa aŋkrìt　　pen（～で）
② khun _____ rɔ́ɔŋhây　　　　　　　　rɔ́ɔŋhây（泣く）
③ fǒn _____ tòk nɛ̂ɛ　　　　　　　　fǒn（雨）、tòk（降る）、nɛ̂ɛ（きっと）

9 進行形「～しているところだ」

進行形には以下の3パターンがある。

```
[1]　　　　　　動詞＋（目的語）＋ yùu
[2] kamlaŋ ＋ 動詞＋（目的語）
[3] kamlaŋ ＋ 動詞＋（目的語）＋ yùu
```

chán àan náŋsɯ̌ɯ yùu　　　　　私は本を読んでいるところだ。
chán kamlaŋ rɔɔ　　　　　　　　私は待っているところだ。
mɛ̂ɛ kamlaŋ tham aahǎan yùu　母は料理を作っているところだ。

Point「死んでいる」など状態を示す時や形容詞は、進行形にできない。ただし、yaŋ があれば yùu が使える。

phûutɔ̂ŋhǎa taay　　　　　　　容疑者は死んでいる。
nɔ́ɔŋsǎaw yaŋ phɔ̌ɔm yùu　　妹はまだ痩せている。

ドリル 次のタイ語を上の3種類の進行形にした上、意味を言いなさい。

① khun yaay wây phrá　　khun yaay（おばあさん）、wây（拝む）、phrá（仏像）
② nɔ́ɔŋchaay àan kaatuun yîipùn　　àan（読む）、kaatuun（マンガ）

10 目的 phɯ̂a「〜のために」

kèp ŋən phɯ̂a anaakhót　将来のためにお金を貯める。
kin phɯ̂a yùu　生きるために食べる。

ドリル　日本語をタイ語に訳しなさい。

① 家を建てるためにお金を貯める。　建てる＝sâaŋ
② あなたに会うためにタイに来た。　〜に会う＝phóp kàp〜

11 mii〜yùu「〜が〜にある（いる）」

「mii＋名詞＋yùu＋場所」で「〜が〜にある（いる）」と人や物の存在を示す。

mii mɛɛw yùu bon lǎŋkhaa　屋根の上にネコがいる。

12 方向動詞 〜loŋ とその仲間

maa「来る」、pay「行く」、khɯ̂n「上る」、loŋ「下りる」、khâw「入る」、ɔ̀ɔk「出る」、wáy「置く、維持する」、sǐa「壊れる、失う、悪くなる」などの動詞を主動詞の後に使うと、本来の意味から派生した接近、上昇などいろいろな動きの方向を表す方向動詞になる。

1 sòŋ maa 送ってくる	2 ûan khɯ̂n 太る	3 kèp khâw しまい込む	4 cam wáy 覚えておく
5 lɯɯm pay 忘れてしまう	6 phɔ̌ɔm loŋ 痩せる	7 khít ɔ̀ɔk 考えつく	8 thíŋ sǐa 捨ててしまう

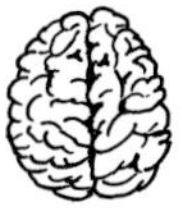

náam khùn ɔ̀ɔk pay, náam sǎy khâw maa
濁った水は出て行き、澄んだ水が入ってくる。
aakaan pùay khɔ̌ɔŋ phɔ̂ɔ dii khɯ̂n　父の病状は好転した。

ドリル　日本語はタイ語に、タイ語は日本語に訳しなさい。

① pə̀ət nâatàaŋ wáy kɔ̀ɔn　pə̀ət（開く）、nâatàaŋ（窓）、kɔ̀ɔn（とりあえず）
② kin khanǒm mòt sǐa lɛ́ɛw　khanǒm（お菓子）、mòt（全部）
③ 石油の値段が少し安くなった。　石油＝námman、値段＝raakhaa、安い＝thùuk、少し＝nítnɔ̀y

13 thammay～「どうして、なぜ」

thammay は通常は文頭で使う。後の例のように文末に置くと、非難や皮肉の意味となるので注意が必要となる。語調も強く、けんか腰といった感じになる。

thammay rian phaasǎa thay　　どうしてタイ語を学ぶの？
rian phaasǎa ciin thammay　　中国語なんて勉強してどうするの！

ドリル　日本語はタイ語に、タイ語は日本語に訳しなさい。
① thammay khun klìat kháw　　klìat（嫌う、憎む）
② 私に嘘なんかついて！　　嘘をつく＝koohòk

会話の日本語訳

よう子　たったそれだけ？あまり食べないのね。
ウアン　気にしないで。
　　　　ダイエット中なのよ、新しい彼氏をゲットするためにね。
よう子　ウアン、もう十分にスリムで魅力的よ。
　　　　これ以上痩せることないわよ。
ウアン　あら、あなたもそう思う？
　　　　それじゃあ、エビチャーハンと豚のスパイス揚げもいただくわ。
よう子　ゲッ！

タイ文字

โยโกะ　　แค่นั้นรึ กินน้อยนะ
อ้วน　　　ไม่ต้องเป็นห่วง ฉันกำลังไดเอ็ตเพื่อจะได้
　　　　　แฟนใหม่
โยโกะ　　อ้วนก็ผอมพอดีและมีเสน่ห์อยู่แล้ว
　　　　　จะผอมลงอีกทำไม
อ้วน　　　แหม เธอก็คิดว่ายังงั้นหรือ
　　　　　งั้น เอาข้าวผัดกุ้งแล้วก็หมูทอดด้วย
โยโกะ　　ฮะ

第5課 あの人イケメンね

บทที่ ๕ / bòt thîi hâa

PART 1

◆◇ 単語 ◇◆ CD 36

- phèt [เผ็ด] からい
- yàa [อย่า] 〜しないで
- bòn [บ่น] 文句を言う
- 〜nâa [น่า] 〜てよ（文末詞）
- khráŋ [ครั้ง] 回、度
- rɛ̂ɛk [แรก] 最初の
- 〜pen khráŋ rɛ̂ɛk [เป็นครั้งแรก] はじめて
- 〜rɯ̌ɯ ŋay [หรือไง] 〜とでもいうの
- phûuchaay [ผู้ชาย] 男性
- hǔarɔ́ [หัวเราะ] 笑う
- bɛ̀ɛp [แบบ] 型、タイプ
- thîi [ที่] （関係代名詞）；〜に、で；場所
- chɔ̂ɔp [ชอบ] 好む
- é [เอ๊ะ] え？（間投詞）
- khɯɯ〜 [คือ] 〜である
- phaasǎa aŋkrìt [ภาษาอังกฤษ] 英語
- plɛɛ [แปล] 訳す
- plɛɛ wâa〜 [แปลว่า] 〜と訳す、〜を意味する
- nâataa [หน้าตา] 顔、容貌
- lɔ̀ɔ [หล่อ] ハンサムな

CD 37

yookò　nîi phèt mâak !
ûan　yàa bòn nâa.
thaan aahǎan thay pen khráŋ rɛ̂ɛk
rɯ̌ɯ ŋay ?　duu sí.
phûuchaay khon nán hǔarɔ́ thəə yùu.
yookò　khon nǎy ?
ôohǒo, ikèmen bɛ̀ɛp thîi chán chɔ̂ɔp.
ûan　é ?　ikèmen khɯɯ aray ?
pen phaasǎa aŋkrìt rǝ̌ə ?
yookò　mây chây.　phaasǎa yîipùn.
plɛɛ wâa nâataa lɔ̀ɔ.

1　禁止 yàa～「～するな、～しないで」

2課で既習した ～mây dây 「～してはだめです」を文末に置いても禁止の意味になる。最後に ná「～よ、～ね」を付けると命令の調子を和らげる。karunaa yàa～となると「どうか～しないで下さい、～お願い致します」と丁寧な依頼になる。

yàa maa sǎay　遅刻しないで。
yàa lɯɯm chán ná　私を忘れないでね。
lɯɯm chán mây dây ná　私を忘れてはだめよ。
karunaa yàa sùup burìi nay hɔ̂ŋ náam
トイレの中では喫煙されないようお願い致します。

Point　yàa phə̂ŋ とすると「まだ～するのは待って」という意味になる。hâam 「～禁止」という書き言葉もある。

yàa phə̂ŋ pay　まだ行かないで。
hâam cɔ̀ɔt rót　駐車禁止。
hâam sùup burìi　喫煙禁止。

ドリル　日本語をタイ語に訳しなさい。複数の答えが可能。

① 冗談を言わないでよ。　冗談を言う＝phûut lên
② まだ彼に告げないでね。　告げる＝bɔ̀ɔk

2 様々な終助詞

タイ語の終助詞には既習した ná 「～よ、～ね」、sí, sì 「～して、～しなさい」以外に、よく使われるものとして以下の語がある（一部に既習分も含む）。

［1］ nâa 「～しようよ、～だねえ」＝誘いや、相手を従わせる時
　　maa thə̀ət nâa　　（いいから）来なさいよ。
［2］ lâ 「～かい？、～じゃないの？」＝考えを聞いたり、強調する時。疑問や否定文で使う。
　　chɔ̂ɔp máy lâ　　気に入ったかい？
［3］ nîi 「～してやるぞ、～だもん、～なんなの」＝行為や感情を強く言う時。
　　kɔ̂ mây rúu nîi　　だって知らなかったんだもん。
［4］ ŋay 「～どう、～とでもいうわけ？、（だから）～でしょう」＝改めて念押しする時。
　　kɔ̂ phǒm bɔ̀ɔk lɛ́ɛw ŋay　　だからぼくが言ったでしょう。
［5］ lɛ̀ 「～だよ、～さ」＝自分の考えを相手に強めに伝える時。
　　nîi lɛ̀ khɯɯ lôok　　こういうものさ、世の中というのは。
［6］ rɔ̀k, rɔ̀ɔk 「全然～、～だぜ」＝相手の期待や考えなどを強く否定する時か強調。
　　mây phèt rɔ̀ɔk　　全然辛くなんかないよ。
［7］ máŋ, kramáŋ 「～じゃないの」＝推量で言ったり、やや軽口っぽく言う時。
　　kháw òk hàk kramáŋ　　彼、たぶん失恋でもしたんじゃないの。
［8］ câ, cá, cǎa 「～よ」＝家族や恋人間で女性が使う。
　　lûuk mɛ̂ɛ cǎa　　（愛しい）わが子よ。

3 類別詞とその使い方

「1個」、「2匹」、「3種」のように数えられるものにはすべて類別詞がある。「本」náŋsɯ̌ɯ には「冊」lêm という類別詞があるが、「人」khon という名詞のように同じ語が類別詞「～人（にん）」としても使われるなど、名詞がそのまま類別詞になる例もある。

なお、タイ語の類別詞は必ずしも形状によって決まっているわけではない点に注意。

● 基本＝「名詞＋数詞＋類別詞」

ドリル　下の語を用いて「ここに～がいます/あります」というタイ文を作りなさい。

thîinîi mii ～

1 náŋsɯ̌ɯ 2 lêm 本2冊	2 phûuyǐŋ 3 khon 女性3人	3 mǎa 4 tua 犬4匹
4 rót 5 khan 車5台	5 bia 6 krapɔ̌ŋ ビール6缶	6 mamûaŋ 7 bay マンゴー7個

● 指示詞がある時＝「名詞＋類別詞＋指示詞」

ドリル　下の語を用いて「私は～にします」というタイ文を作りなさい。

phǒm (dichán) aw ～

1 tó tua níi この机	2 krapǎw bay níi このカバン	3 bamìi chaam níi このラーメン
4 phét mét nán そのダイヤ	5 rɔɔŋtháaw khûu nán その靴	6 bâan lǎŋ nóon あの家

● 上記以外の主な類別詞

kɛ̂ɛw「～個」(グラス類)　khùat「～本」(ビン類)　khɔ̂ɔ「～項」(法文条項など)

khráŋ「～回、度」(回数)　kham「～語」(語、単語)　chabàp「～部、冊」(新聞、雑誌)

chín「～切れ」(肉など)　chút「～セット」(セット類)　tua「～匹、個、枚」(動物、シャツ)

bòt「～章、課」(章立てなど)　bɛ̀ɛp「～型、方式」(形式)　phɛ̀n「～枚」(紙、板など)

lûuk「～個」(果物、ボール)　sên「～本」(糸、針金など)

yàaŋ「～種」(物品、料理など)　an「～個」(菓子、消しゴムなど不定形。他の類別詞に代用可)

会話の日本語訳

よう子　これ、とてもからいわ。
ウアン　文句言わないの。タイ料理食べるの初めてでもないくせに。
　　　　見て、あの男の人、笑ってるよ。
よう子　どの人？　わっ、「イケメン」じゃない。私のタイプだわ。
ウアン　え？「イケメン」ってなに？　それって英語なの？
よう子　ううん。日本語よ。「ハンサム」っていう意味。

タイ文字

โยโกะ　นี่เผ็ดมาก
อ้วน　อย่าบ่นน่า　ทานอาหารไทยเป็นครั้งแรกหรือไง
　　　ดูซิ　ผู้ชายคนนั้นหัวเราะเธออยู่
โยโกะ　คนไหน　โอ้โห อิเกะเม็นแบบที่ฉันชอบ
อ้วน　เอ๊ะ อิเกะเม็นคืออะไร
　　　เป็นภาษาอังกฤษเหรอ
โยโกะ　ไม่ใช่　ภาษาญี่ปุ่น　แปลว่าหน้าตาหล่อ

PART 2

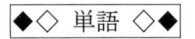

◆◇ 単語 ◇◆　　　　　　　　　CD 38

- kham [คำ] 語、単語
- aacaan [อาจารย์] 先生（大学の）
- mây khəəy~ [ไม่เคย] ~したことがない
- sɔ̌ɔn [สอน] 教える
- hây [ให้] あげる
- ~ləəy [เลย] まったく（~でない）
- kɔ̂ phrɔ́~ [ก็เพราะ] そのわけはつまり~
- khamsàp [คำศัพท์] 単語
- samǎy [สมัย] 時代
- samǎy mày [สมัยใหม่] 現代
- nùm [หนุ่ม] 若い男性
- sǎaw [สาว] 若い女性、娘
- nùm sǎaw [หนุ่มสาว] 青年男女
- way rûn [วัยรุ่น] 若者
- khít [คิด] 思う、考える
- khít wâa~ [คิดว่า] ~と思う
- mây khɔ̂y [ไม่ค่อย] あまり~でない
- mii prayòot [มีประโยชน์] 役に立つ
- sǒncay [สนใจ] 興味がある
- pii nâa [ปีหน้า] 来年
- pay rian tɔ̀ɔ [ไปเรียนต่อ] 進学する

CD 39

ûan	kham bɛ̀ɛp níi, aacaan mây khəəy sɔ̌ɔn hây ləəy.
yookò	kɔ̂ɔ phrɔ́ pen khamsàp samǎy mày khɔ̌ɔŋ nùm sǎaw ná sì.
ûan	ŋán rɯ́. yoo, thəə chûay sɔ̌ɔn phaasǎa way rûn hây chán dây máy ?
yookò	thammay ? chán khít wâa mây khɔ̂y mii prayòot ná.
ûan	tɛ̀ɛ chán sǒncay mâak.
yookò	əə, pii nâa, ûan cà pay rian tɔ̀ɔ thîi yîipùn chây máy ?　ookhee, chán cà sɔ̌ɔn hây.

4 hây の用法

hây は動詞「あげる、くれる」。「〜に〜をあげる」の構文は「hây +もの+人」となる。

  khun mɛ̂ɛ hây khanǒm   お母さんがお菓子をくれた。
  phîisǎaw hây naalíkaa nɔ́ɔŋchaay 姉は弟に時計をあげた。

「〜してあげる」は「動詞+ hây」、「〜に〜してあげる」は「動詞+物+ hây +人」となる。

  khǐan hây   書いてあげる。
  khruu sɔ̌ɔn phaasǎa thay hây raw 先生は私たちにタイ語を教えてくれる。
  phǒm cà rîak théksîi hây khun ぼくが (あなたに) タクシーを呼んであげます。

Point「〜を貸す」は「hây yɯɯm +物」で、「〜に〜を貸す」は「hây +人+ yɯɯm +物」になるので注意。

  phǒm cà hây khun yɯɯm rót ぼくがあなたに車を貸してあげよう。
  aacaan hây chán yɯɯm náŋsɯ̌ɯ 教授は私に本を貸してくれた。

ドリル　日本語はタイ語に、タイ語は日本語に訳しなさい。

 ① yaay hây ŋən lǎan   yaay (おばあさん)、lǎan (孫)
 ② chán cà thàay rûup hây   thàay rûup (写真を撮る)
 ③ kɛ̂ɛ prayòok hây khun   kɛ̂ɛ (直す)、prayòok (文章)
 ④ 彼は私にバラの花をくれた。   バラの花=dɔ̀ɔk kulàap
 ⑤ あなたに電話番号を書いてあげます。 電話番号=bəə thoorasàp

5 接続表現の ləəy と cɯŋ〜

● ləəy には次の2つの意味がある。

[1] 文末で使う強調詞「すっかり、全く (〜でない)」
  khǎay mòt ləəy すっかり売り切れてしまった。
  mây mii aray ləəy 全くなにもない。

[2] 前の節を受けて「それで」(会話で多く使われる)
  rúusɯ̀k mây sabaay, ləəy klàp bâan 病気のようなので、家に帰る。

Point　[2] の場合、主語があれば ləəy はその後に置く。また ləəy には動詞「通過する」の意味もある。

  rúusɯ̀k mây sabaay, phǒm ləəy klàp bâan 病気のようなので、ぼくは家に帰る。
  ləəy ráan pay   お店を通り過ぎた。

● cɯŋ は「それで、したがって」。会話でも使うが、どちらかといえば書き言葉。
  kháw mây dây maa, cɯŋ mây rúu 彼は来なかった。だから知らないのだ。

ドリル 日本語はタイ語に、タイ語は日本語に訳しなさい。

① mii thúrá thěwníi, chán ləəy wɛ́ maa

　　　　　thúrá（用事）、thěwníi（この辺り）、wɛ́ maa（立ち寄る）

② 高熱があった。それで会社を休んだ。　　　高熱＝khây sǔuŋ、休む＝yùt

6　理由 phrɔ́ (wâa) ～「なぜなら」

phrɔ́ (wâa) は理由を述べる文節の前に置く。相手の質問に答える時は、kɔ̂ɔ phrɔ́「だって～だから」もよく使われる。

　　maa sǎay, phrɔ́ wâa rót tìt　　　　　　車が混んでいたので、遅刻した。
　　phrɔ́ tòk ŋaan, phǒm ləəy mây mii ŋən　　失業したので、僕にはお金がない。
　　thammay khun hǔarɔ́ yày　　　　　　あなた、どうして大笑いするの？
　　kɔ̂ɔ phrɔ́ khun phûut talòk　　　　　だってあなたが面白い事を言うんだもの。

Point　phrɔ́ が前の文節にくる時は、後節には ləəy「それで」が置かれることが多い。

ドリル 日本語をタイ語に訳しなさい。

① とても疲れたので、寝たいです。　　　　　疲れる＝nùay、寝る＝nɔɔn
② どうして食べないの？だってお腹が空いていないから。　お腹が空く＝hǐw khâaw

7　昨日、今週、来月、毎年など

「年月日」と「毎～」のことばの一覧表。

mûawaanníi 昨日	wanníi 今日	phrûŋníi 明日	thúk wan 毎日
aathít thîilɛ́ɛw 先週	aathít níi 今週	aathít nâa 来週	thúk aathít 毎週
dɯan thîilɛ́ɛw 先月	dɯan níi 今月	dɯan nâa 来月	thúk dɯan 毎月
pii thîilɛ́ɛw 去年	pii níi 今年	pii nâa 来年	thúk pii 毎年

（注）aathít の代わりに sàpdaa「週」を使ってもよい。

8 mây khɔ̂y～ 「あまり～でない」

ほかに mây～thâwray 「たいして～ではない」という言い方もある。
　　mây khɔ̂y phɛɛŋ　　　　　　　　　　あまり高くない。
　　anníi khunnaphâap mây dii thâwray　これは品質がたいして良くない。
　　chán mây khɔ̂y klua ŋuu thâwray　　私はヘビはそれほど恐くない。

ドリル　日本語はタイ語に、タイ語は日本語に訳しなさい。
① chán mây khɔ̂y chɔ̂ɔp kaan prachum　　kaan prachum（会議）
② 私はあまり政治には関心がない。　　関心がある＝sŏncay、政治＝kaan mwaŋ
③ タイ語はたいして難しくない。　　　難しい＝yâak

会話の日本語訳

ウアン　　そんなことば、先生ぜんぜん教えてくれなかったな。
よう子　　だって現代の若者ことばだもん。
ウアン　　そうなんだ。
　　　　　ヨー、若者ことばを私に教えてくれないかな？
よう子　　どうして？　あまり役に立たないと思うけど。
ウアン　　でも、私、とても興味があるの。
よう子　　そうか。ウアンは来年、日本に留学するんだよね。
　　　　　オーケー。私が教えてあげる。

タイ文字

อ้วน　　คำแบบนี้ อาจารย์ไม่เคยสอนให้เลย
โยโกะ　ก็เพราะเป็นคำศัพท์สมัยใหม่ของหนุ่มสาวนะซิ
อ้วน　　งั้นรึ โย เธอช่วยสอนภาษาวัยรุ่นให้ฉันได้ไหม
โยโกะ　ทำไม ฉันคิดว่าไม่ค่อยมีประโยชน์นะ
อ้วน　　แต่ ฉันสนใจมาก
โยโกะ　เออ ปีหน้าอ้วนจะไปเรียนต่อที่ญี่ปุ่นใช่ไหม
　　　　โอเค ฉันจะสอนให้

第6課 bòt thîi hòk   บทที่ ๖

キックって何？

PART 1

◆◇ 単語 ◇◆ CD 40

- úy [อุ๊ย] あれ！
- phîi [พี่] 〜先輩、〜さん
- nɛ́nam [แนะนำ] 紹介する
- rúucàk [รู้จัก] 知っている
- khray [ใคร] だれ
- bɔ̌y [บ๋อย] ボーイ
- rooŋrɛɛm [โรงแรม] ホテル

- kík [กิ๊ก] (俗) 友達以上かつ恋人未満の仲
- 〜ná lɛ̀ [นะแหละ] 〜よ、〜さ
- nák [นัก] 〜者、〜人
- muay [มวย] ボクシング
- nák muay thay [นักมวยไทย] タイボクサー
- rûup râaŋ [รูปร่าง] 体型、体つき
- kham salɛɛŋ [คำสแลง] スラング

CD 41

ûan	úy, nân phîi bɔɔy.
	chán cà nɛ́nam hây rúucàk.
	phîi bɔɔy, maa thaaŋníi khâ.
yookò	é khray. bɔ̌y khɔ̌ɔŋ rooŋrɛɛm rɯ̌ɯ ?
ûan	mây chây, mây chây.
	kík khɔ̌ɔŋ chán ná lɛ̀.
yookò	é, kík khɯɯ aray ?
	pen nák muay thay rɯ́ ?
ûan	phûut lên pay dây ! duu rûuprâaŋ kháw sí.
	kík khɯɯ kham salɛɛŋ.

1 間投詞

下はよく使われる感嘆詞である。

［1］úy［อุ๊ย］＝驚いた時、おもに女性が使う。「おや！」「まあ！」「あれ！」

［2］é［เอ๊ะ］＝意外に感じた時などに使う。日本語と似ている。「えー？」

［3］ôohǒo［โอ้โห］＝驚きや感動を表す。やや大げさな感じもある。「うわー！」「おお！」

［4］há［ห๊ะ］＝戸惑ったときに使う。「え！」「うん？」

［5］əə［เออ］＝相手への生返事や何か言い出す時。仲間や目下に使う。「ああ」「あのさ」

［6］ɔ̌ɔ［อ๋อ］＝思いついたり、納得した時に使う。「ああそうだ」「へー」「ふーん」

［7］rə̌ə［เหรอ］＝相手の話に相づちを打つ時。「へえ」「ほう」

［8］âaw［อ้าว］＝相手の話が意外な時に時に使う。「あら！」「おいおい！」

［9］óoy［โอ้ย］＝身体的な痛みを訴える時多用する。「痛い！」「ああ痛！」

［10］thôo［โธ่］＝失望、絶望、無力感などを表す。「あーあ」「情けない」

［11］hǎa［หา］＝驚いたり、疑念をもった時に使う。「うそー！」「何だって！」

2 使役その他の hây

● 基本の使役表現は「hây＋（A）＋動詞」＝「（A）に〜させる」。

hây pay	行かせる。
hây mǎa kin	犬に食べさせる。

- 「動詞＋hây＋（A）＋動詞」＝「（A）が～するように～する」。
  mɔ̌ɔ sàŋ hây kháw kin yaa　　医者は彼に薬を飲むよう命じた。
  lûuksǎaw bɔ̀ɔk hây phǒm lə̂ək sùup burìi　娘は私にタバコをやめるよう言った。
- 同じ構文でも使役の意味を含まないこともある。この場合は「～になるように～する」と目標や行為の達成を意味することが多い。
  triam hây sèt rew rew　　早く終わるように準備する。
- 「動詞＋（A）＋hây＋形容詞」＝「（A）を～のように～する」。hây の直後に形容詞が来るところが上との違い。目標の達成を意味するのは同じ。
  tàt phǒm hây sân　　髪を短く切る。
  phûut hây chát dây máy　　明瞭に話していただけませんか。

> ドリル　日本語はタイ語に、タイ語は日本語に訳しなさい。

① khruu sɔ̌ɔn hây nákrian cam phleeŋ châat　cam（覚える）、phleeŋ châat（国歌）
② wâat rûup hây sǔay　　wâat rûup（絵を描く）
③ 母は娘に予備校に行くよう命じた。　　予備校＝rooŋrian kùat wíchaa
④ 文章を正しく直す。　　文章＝prayòok　正しい＝thùuktɔ̂ŋ　直す＝kɛ̂ɛ

3　疑問詞のまとめ

いつ	mɯ̂aray	เมื่อไร	cà khɯɯn náŋsɯ̌ɯ mɯ̂aray　いつ本を返しますか？ (mɯ̂arày もある)
どこ	thîinǎy nǎy	ที่ไหน ไหน	sanǎambin yùu thîinǎy　空港はどこにありますか？ pay nǎy maa　どこへ行ってきましたか？
誰	khray	ใคร	dɯ̀ɯm bia kàp khray　だれとビールを飲みますか？ khray cà pay　誰が行くの
何	aray	อะไร	khon nán chɯ̂ɯ aray khá　あの人の名前は何ですか？
なぜ	thammay	ทำไม	thammay rian phaasǎa thay　なぜタイ語を学ぶのですか？ rian phaasǎa thay thammay　タイ語を学んでどうするわけ（皮肉、批判）
どう	yàaŋray	อย่างไร	khrɯ̂aŋ níi cháy yàaŋray　この機械はどう使いますか？

いくら いくつ	thâwray	เท่าไร	pay chiaŋmày thâwray　チェンマイ行きはいくらですか？ khun aayú thâwray　あなたはお歳はいくつですか？
幾〜	kìi+類別詞	กี่	yùu mɯaŋ thay kìi pii　タイに何年住んでいますか？
どの 程度	khɛ̂ɛnǎy	แค่ไหน	rúucàk kháw khɛ̂ɛnǎy　彼をどれくらい知っていますか？

ドリル　日本語をタイ語に訳しなさい。

① さっきは誰が電話をかけてきたの？　さっき＝mɯ̂akîiníi、電話がくる＝thoo maa
② あなたは何をしたいの？　〜したい＝yàak cà
③ 私はいつあなたに約束しましたか？　約束する＝sǎnyaa
④ あなたの家族は全部で何人いますか？　家族＝khrɔ̂ɔpkhrua、全部で＝tháŋmòt
⑤ バンコクはどれくらい暑いですか？　バンコク＝khruŋthêep、暑い＝rɔ́ɔn

会話の日本語訳

ウアン　あ、ボーイ先輩だ。あなたに紹介してあげる。
　　　　ボーイさん、こっちへ来て。
よう子　ボーイって、ホテルマンの？
ウアン　ちがう、ちがう。私の「キック」よ。
よう子　え？「キック」ってなに？ムエイタイのボクサーなの？
ウアン　冗談でしょう。彼の体つき見てよ。「キック」ってスラングよ。

タイ文字

อ้วน　อุ๊ย นั่นพี่บอย ฉันจะแนะนำให้รู้จัก
　　　พี่บอย มาทางนี้ค่ะ
โยโกะ　เอ๊ะ ใคร บ๋อยของโรงแรมหรือ
อ้วน　ไม่ใช่ ไม่ใช่ กิ๊กของฉันนะแหละ
โยโกะ　เอ๊ะ กิ๊กคืออะไร เป็นนักมวยไทยรึ
อ้วน　พูดเล่นไปได้ ดูรูปร่างเขาซิ กิ๊กคือคำสแลง

PART 2

◆◇ 単語 ◇◆　　　　　　　　　　　　　CD 42

- măay khwaam [หมายความ] 意味する
- măay khwaam wâa [หมายความว่า] ~を意味する
- sanìt [สนิท] 親しい
- mâak [มาก] たくさん
- kwàa [กว่า] ~より（比較）
- phɯ̂an [เพื่อน] 友
- tɛ̀ɛ [แต่] しかし
- fɛɛn [แฟน] 恋人
- ɔ̌ɔ [อ๋อ] ふうん、へえ
- khâwcay [เข้าใจ] 理解する
- thâathaaŋ [ท่าทาง] 態度、様子
- duu [ดู] 見る
- rîaprɔ́ɔy [เรียบร้อย] きちんとした（態度、装い）
- mây pen [ไม่เป็น] ~できない
- chɔ̂ɔp [ชอบ] ~を好む
- àan [อ่าน] 読む
- kaatuun [การ์ตูน] 漫画
- faŋ [ฟัง] 聞く、聴く
- phleeŋ [เพลง] 歌、ミュージック
- àat cà [อาจจะ] たぶん~

CD 43

ûan	măaykhwaam wâa khon thîi sanìt mâak kwàa phɯ̂an, tɛ̀ɛ mây chây fɛɛn.
yookò	ɔ̌ɔ, khâwcay lɛ́ɛw. duu thâathaaŋ kháw rîaprɔ́ɔy ná
ûan	phîi bɔɔy. nîi yookò, phɯ̂an ûan khâ.
bɔɔy	chɯ̂ɯ bɔɔy khráp.　khɔ̌ɔ thôot. phǒm phûut yîipùn mây pen.
ûan	tɛ̀ɛ kɔ̂ɔ, chɔ̂ɔp àan kaatuun lɛ́ faŋ phleeŋ khɔ̌ɔŋ yîipùn mâak.
yookò	àat cà pen otaakù rɯ́ plàaw ?

4 mǎay khwaam wâa~ 「～を意味する」

mǎay 単独では「意図する、予測する」。似た表現に plεε wâa「～の意味である」がある。plεε は「翻訳する」。

mǎay khwaam wâa aray	どういう意味ですか？
nîi plεε wâa aray	これは何という意味ですか？
chûay plεε pen phaasǎa aŋkrìt nɔ̀y	英語に訳してくれませんか？

ドリル 日本語はタイ語に、タイ語は日本語に訳しなさい。
① "cìip phûuyǐŋ" mǎay khwaam wâa naŋpà   cìip（口説く）
②「スム」は「へこむ」という意味です。   へこむ（俗）＝sɯm

5 ~dây 「～できる」以外の可能表現

dây「～できる」はどんな場合でも使えるわけではない。例えば、「(鍛えたのでお酒を) 飲める」は pen、「(医者の許可が出たのでお酒を) 飲める」は dây、「(昨夜から飲んでいるがまだ) 飲める」は wǎy を使わなければならない。

● ~pen＝運転、楽器演奏、スポーツ、パソコン操作など学習や訓練を経た能力に使う。「お酒を飲む」、「タバコを吸う」もこの可能表現を使うことに注意。下の例でdây との違いを確認のこと。

phǒm khàp rót mây pen	私は車の運転ができない（習ったことがない）。
phǒm khàp rót mây dây	私は車の運転ができない（お酒を飲んだから）。

● ~wǎy＝あることに耐えうる体力、能力、財力などに使う。否定形での使い方が多い。

chán thon kháw ìik mây wǎy	私はもう彼に我慢できない。
ìm lέεw, con thaan ìik mây wǎy	お腹一杯だ。(それで) もうたべられない。
phǒm khàp rót mây wǎy	私は車の運転ができない（疲れているから）。

Point 否定形は mây dây, mây pen, mây wǎy とする。また、「少し～できる」など可能の程度を表す後は dây, pen, wǎy の後に置く。
chán kin lâw pen nítnɔ̀y   私はお酒は少しだけ飲めます。

ドリル 下線部に dây, pen, wǎy から正しい語を選んで入れ、日本語に訳しなさい。複数解答可。
① khun wâay náam _____ máy   wâay náam（泳ぐ）
② bâan lǎŋ níi phεεŋ, sɯ́ɯ mây _____   lǎŋ（家の類別詞「軒」）
③ thaan aahǎan thay _____ thúk yàaŋ   thúk yàaŋ（どの種類も、どれも）
④ tɔɔnníi khon thay kɔ̂ɔ kin plaa dìp _____
　　　　　　　　　　　　　　tɔɔnníi（今は）、plaa dìp（生の魚＝さしみ）

6　可能に準じた表現

　上の可能表現とは異なるものの、後に置かれる動詞が前の動詞の行為が結果的に「できた」「できなかった」ことを表す表現がある。後に置かれる動詞は人間の意志では行為を左右できない「不随意動詞」と呼ばれる。例えば、「寝る」は意志でできる随意動詞だが、「眠る」は意志ではできない。そうでなければ不眠症は起きない。

nɔɔn làp	眠れた	nɔɔn mây làp	（横になったが）眠れなかった
faŋ dâyyin	聞こえる	faŋ mây dâyyin	（耳を傾けても）聞こえない
hǎa cəə	探し出せた	hǎa mây cəə	（探したが）見つからない
mɔɔŋ hěn	見える	mɔɔŋ mây hěn	（見つめたが）見えない
khít ɔ̀ɔk	考えつく	khít mây ɔ̀ɔk	（考えても）思いつかない

ドリル　日本語はタイ語に、タイ語は日本語に訳しなさい。
① mii aahǎan yə́, kin mây mòt　　　yə́（たくさん）、mòt（尽きる）
② 過去のことは、私は思い出せない。　過去のこと=rɯ̂aŋ nay adìit, 思う=núk

7　不確かな可能性　àat (cà)「〜かもしれない」

　文末に 〜kɔ̂ dây「〜もあり得る」を伴うことが多い。否定形は àat (cà) mây となる。

　　hìmá àat cà tòk　　　　　　　　　　雪が降るかもしれない。
　　raakhaa hûn àat cà tòk ìik kɔ̂ dây　株価はもっと下落することもあり得る。
　　tamrùat àat cà mây chɯ̂a kɔ̂ dây　警察は信じないかもしれない。

ドリル　日本語はタイ語に、タイ語は日本語に訳しなさい。
① kháw àat cà pen sèetthǐi kɔ̂ dâay　　sèetthǐi（お金持ち）
② 妻は私を信じないかもしれない。　　　妻=phanrayaa

8　推測・判断表現 (1)

● hěn cà〜=「〜のようだ、〜に思える」。話し手の主観が強く出ている。
　　kháw hěn cà mây maa　　　　彼はどうも来ないようだ。

Point　duu mǔan cà〜=「〜のようだ」もほぼ同じ意味だが、やや他人事風。

● mák cà〜=「よく〜しがちだ、〜の傾向がある」。
　　dèk khon níi mák cà maa sǎay　　この子供はよく遅刻しがちだ。

● thâa cà〜=「見るからに〜の様子だ」。thâa, thâa thaaŋ は「様子、態度」。
　　pháttaakhaan níi thâa cà phɛɛŋ　　この料亭はどうも高そうな感じだ。

| ドリル | 適切な場所に hěn cà, mák cà, thâa cà から選んで入れ、日本語に訳しなさい（複数の回答が可能なものがある。また、どの語を使うかで意味が異なる）。

① sɔ̀ɔp tòk nɛ̂ɛ　　　　　　　　　sɔ̀ɔp tòk（試験に落ちる）、nɛ̂ɛ（必ず）
② aacaan maa lǎŋ thîaŋ　　　　　lǎŋ thîaŋ（正午の後＝午後に）
③ mahǎawítthayaalay níi khâw yâak
　　　　　　　　　　　　　mahǎawítthayaalay（大学）、khâw（入る）

シーナカリンウィロート大学（バンコク）　　　　　　　　同

会話の日本語訳

ウアン	意味は、友達以上の関係だけど、でも恋人まではいかないっていうこと。
よう子	ふうん、分かった。見たところきちんとした人のようね。
ウアン	ボーイさん、こちらは私の友達のよう子です。
ボーイ	ボーイです。すみません。ぼくは日本語は話せないんです。
ウアン	でも、日本の漫画や音楽は大好きなんだよね。
よう子	もしかしてオタク？

タイ文字

อ้วน	หมายความว่าคนที่สนิทมากกว่าเพื่อน
	แต่ไม่ใช่แฟน
โยโกะ	อ๋อ เข้าใจแล้ว ดูท่าทางเขาเรียบร้อยนะ
อ้วน	พี่บอย นี่โยโกะ เพื่อนอ้วนค่ะ
บอย	ชื่อบอยครับ ขอโทษ ผมพูดญี่ปุ่นไม่เป็น
อ้วน	แต่ก็ ชอบอ่านการ์ตูนและฟังเพลงของญี่ปุ่นมาก
โยโกะ	อาจจะเป็นโอะตากุรึเปล่า

บทที่ ๗

第７課

bòt thîi cèt

明日は約束があります

PART 1

◆◇ 単語 ◇◆

CD 44

□wísàwá［วิศวะ］理工学
□pii thîi~［ปีที่］～年生
□còp［จบ］終わる、卒業する
□kèŋ［เก่ง］上手な
□khɔɔmphiwtə̂ə［คอมพิวเตอร์］コンピュータ
□ciŋ ciŋ lɛ́ɛw~［จริงๆ แล้ว］率直に言って
□mây aw nǎy［ไม่เอาไหน］使い物にならない
□~ləəy［เลย］まったく（～でない）
□chûay…hây［ช่วย…ให้］～して下さい
□samàk［สมัคร］申し込む、応募する
□iimee［อีเมล์］電子メール
□mɯ̂arày［เมื่อไหร่］いつ
□phrûŋníi［พรุ่งนี้］明日
□sadùak［สะดวก］都合のよい
□nát［นัด］アポイント；約束する

CD 45

yookò	khun bɔɔy rian aray yùu khá ?
bɔɔy	rian wítsàwá pii thîi sìi khráp.
	cà còp pii nâa.
yookò	chán nâ, mây kèŋ khɔɔmphiwtə̂ə.
bɔɔy	ciŋ ciŋ lɛ́ɛw, phǒm kɔ̂ mây aw nǎy ləəy.
yookò	lɛ́ɛw khun chûay samàk iimee hây chán
	nɔ̀y dây máy.
bɔɔy	dây khráp. mûarày dii.
	phrûŋníi sadùak máy khráp ?
yookò	phrûŋníi chán mii nát lɛ́ɛw.

1 序数　thîi〜「第〜番目の」

　基数詞の前に thîi を置くと序数になる。関係代名詞や場所の前置詞「〜に」の thîi と同じ語なので注意。

thîi sɔ̌ɔŋ	2番
khon thîi sǎam	3番目の人
khráŋ thîi sìi	4回目

Point　序数の thîi の前に来る語は必ず類別詞である。　次の語も知っておこう。

rɛ̂ɛk	最初の
sùttháay	最後の
wan rɛ̂ɛk	初日
khwaamrák khráŋ sùttháay	最後の愛

ドリル　日本語はタイ語に、タイ語は日本語に訳しなさい。
　① wan sùttháay khɔ̌ɔŋ lôok　　　　lôok（地球、世界）
　② nîi pen mɯ́ɯ rɛ̂ɛk khɔ̌ɔŋ wanníi　　mɯ́ɯ（食事の回数）
　③ 3杯目のビール。　　　　　　　（グラスの類別詞）＝kɛ̂ɛw
　④ 私は2台目の車を買った。　　　（車の類別詞）＝khan

66

2 大学に関係した単語

mahǎawítthayaalay	大学	khaná àksɔ̌ɔnsàat	文学部
khaná	学部	khaná manútsàat	人文学部
sǎakhǎa wíchaa	学科	khaná nítìsàat	法学部
aakhaan	校舎（〜棟）	khaná rátthasàat	政治学部
bɔɔríween wítthayaalay	キャンパス	khaná sèetthasàat	経済学部
hɔ̌ɔ samùt	図書館	sǎakhǎa wíchaa sǎŋkhommasàat	社会学科
rooŋ aahǎan	学生食堂	sǎakhǎa wíchaa sùksǎasàat	教育学科
sàatsatraacaan	教授	khaná phɛ̂ɛtthayásàat	医学部
aacaan	大学の先生（一般）	khaná wítthayaasàat	理学部
kaan banyaay	講義	wísàwákamsàat	工学
wíchaa èek	主専攻	prawátsàat	歴史学
nùay kìt	単位	phaasǎasàat	言語学

ドリル 下の語はタイ語で何というか、ヒントを元に考えてみよう。
① 「国際関係学部」 関係＝khwaam sǎmphan、〜の間の＝rawàaŋ、国＝prathêet
② 「タイ語学科」

3 1日の時刻

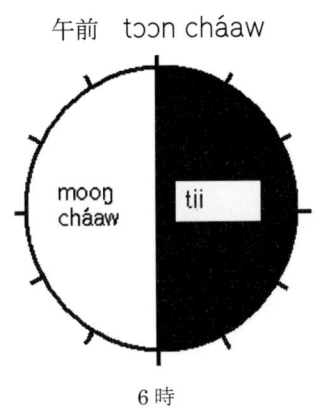

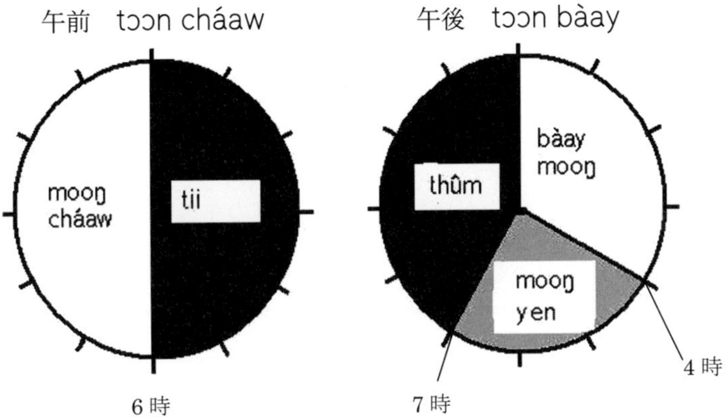

午前 tɔɔn cháaw 　　　午後 tɔɔn bàay

bàay mooŋ
thûm
mooŋ cháaw
tii
mooŋ yen
6時　　　7時　　　4時

午前0時　thîaŋ khɯɯn

1時 tii nɯ̀ŋ	7時 cèt mooŋ cháaw	午後1時 bàay mooŋ	7時 nɯ̀ŋ thûm
2時 tii sɔ̌ɔŋ	8時 pɛ̀ɛt mooŋ cháaw	2時 bàay sɔ̌ɔŋ mooŋ	8時 sɔ̌ɔŋ thûm
3時 tii sǎam	9時 kâw mooŋ cháaw	3時 bàay sǎam mooŋ	9時 sǎam thûm
4時 tii sìi	10時 sìp mooŋ cháaw	4時 sìi mooŋ yen	10時 sìi thûm
5時 tii hâa	11時 sìp-èt mooŋ cháaw	5時 hâa mooŋ yen	11時 hâa thûm
6時 hòk mooŋ cháaw	12時 thîaŋ	6時 hòk mooŋ yen	12時 thîaŋ khɯɯn

4 時間の言い方

●時刻の尋ねかた
  tɔɔnníi kìi mooŋ khráp   いまは、何時ですか？

●時刻の答えかた
  sǎam mooŋ sìp naathii khâ   3時10分です。   naathii（分）
  pɛ̀ɛt mooŋ cháaw khráp   午前8時です。
  sìi mooŋ khrŵŋ khráp   4時半です。   khrŵŋ（半分）
  sɔ̌ɔŋ thûm troŋ khâ   午後8時ちょうどです。   troŋ（ちょうど）
  thîaŋ kwàa khráp   正午過ぎです。   kwàa（～過ぎ）
  raw raaw tii nɯ̀ŋ khráp   だいたい午前1時です。   raw raaw（だいたい）

ドリル　時刻をタイ語で言いなさい。
① いまは、11時45分です。
② いまは、ちょうど6時です。
③ あと10分で午後5時になります。　　あと～＝ìik、～になる（至る）＝cà thɯ̌ŋ

会話の日本語訳

よう子	ボーイさんは何を勉強しているのですか？
ボーイ	工学部の4年生です。来年は卒業する予定です。
よう子	私、コンピューターは苦手だわ。
ボーイ	実を言うとぼくもうまくありません。
よう子	私のパソコンの電子メールの設定を手伝ってくれないかしら。
ボーイ	いいですよ。いつがいいですか。明日の午後はご都合はどうですか？
よう子	明日は約束があるの。

タイ文字

โยโกะ	คุณบอยเรียนอะไรอยู่คะ
บอย	เรียนวิศวะ ปีที่ ๔ ครับ　จะจบปีหน้า
โยโกะ	ฉันน่ะ ไม่เก่งคอมพิวเตอร์
บอย	จริงๆ แล้ว ผมก็ไม่เอาไหนเลย
โยโกะ	แล้วคุณช่วยสมัครอีเมล์ให้ฉันหน่อยได้ไหม
บอย	ได้ครับ　เมื่อไหร่ดี　พรุ่งนี้ สะดวกไหมครับ
โยโกะ	พรุ่งนี้ฉันมีนัดแล้ว

PART 2

◆◇ 単語 ◇◆ CD 46

- □wan aathít [วันอาทิตย์] 日曜日
- □wan aathít níi [วันอาทิตย์นี้] 今週の日曜日
- □tɔɔn yen [ตอนเย็น] 夕方
- □bâan [บ้าน] 家
- □~thîinǎy [ที่ไหน] どこ
- □asòok [อโศก] アソーク通り
- □khɔɔndoo [คอนโด] マンション
- □pàak [ปาก] 口；路地の入り口
- □sɔɔy [ซอย] 路地、小路
- □thanǒn [ถนน] 道路
- □sukhǔmwít [สุขุมวิท] スクムウィット（通り）
- □thàay rûup [ถ่ายรูป] 写真を撮る
- □khûu [คู่] ペア、ツーショット
- □chít [ชิด] 接近する、くっつく
- □kwàa~ [กว่า] もっと、より~
- □thaaŋ [ทาง] ~で（方法、手段）
- □sòŋ [ส่ง] 送る
- □thɛɛn [แทน] ~に代わって
- □dǐaw~ [เดี๋ยว] いま
- □khǐan [เขียน] 書く
- □ètdrés [แอ็ดเดรส] アドレス（Eメールの）

CD 47

yookò	wan aathít níi pen ŋay ?
bɔɔy	ookhee, bâan yùu thîinǎy ?
yookò	yùu thîi asòok. khɔɔndoo thîi yùu pàak
	sɔɔy sìp cèt, thanǒn sukhǔmwít.
	chán cà thàay rûup khûu hây ná.
	chít kwàa níi nɔ̀y. nɯ̀ŋ…sɔ̌ɔŋ…sǎam.
	lɛ́ɛw cà sòŋ thaaŋ iimee hây.
ûan	sòŋ hây chán thɛɛn lɛ́ɛw kan. phrɔ́ wâa
	bɔɔy mây mii khɔɔmphiwtə̂ə.
	dǐaw cà khǐan ètdrés hây.

スクムウィット通りのコンドミニアム

5 曜日、月名、年月日

● 曜日の名称

wan aatít	日曜日	wan sùk	金曜日
wan can	月曜日	wan săw	土曜日
wan aŋkhaan	火曜日	wan yùt	休日
wan phút	水曜日	nɯ̀ŋ aathít	1週間
wan pharɯ́hàt(sabɔɔdii)	木曜日	săam sàpdaa	3週間

Point 「週」には aathít のほかに sàpdaa も使われる。

● 月の名称

dɯan mókkaraa(khom)	1月	dɯan karákkadaa(khom)	7月
dɯan kumphaa(phan)	2月	dɯan sĭŋhăa(khom)	8月
dɯan miinaa(khom)	3月	dɯan kanyaa(yon)	9月
dɯan meesăa(yon)	4月	dɯan tùlaa(khom)	10月
dɯan phrɯ́tsaphaa(khom)	5月	dɯan phrɯ́tsacìkaa(yon)	11月
dɯan míthùnaa(yon)	6月	dɯan thanwaa(khom)	12月

● 年月日の言い方

日、月、年　wan, dɯan, pii
仏暦　phɔɔ sɔ̆ɔ (phútthasàkkaràat)
西暦　khɔɔ sɔ̆ɔ (khrítsàkkaràat)

仏暦2552年1月3日　　wan thîi săam dɯan mókkaraakhom
　　　　　　　　　　phɔɔ sɔ̆ɔ sɔ̆ɔŋ-phan-hâa-rɔ́ɔy-hâa-sìp-sɔ̆ɔŋ
西暦2009年6月16日　　wan thîi sìp-hòk dɯan míthùnaa
　　　　　　　　　　khɔɔ sɔ̆ɔ　sɔ̆ɔŋ-phan-kâaw

Point 西暦+543＝仏暦を知っておくと便利。(例) 西暦2009年+543＝仏暦2552年

● 曜日や年月日の尋ねかた

wanníi wan aray khá	今日は何曜日ですか？
phrûŋníi wan thîi thâwray khá	明日は何日ですか？
dɯan nâa dɯan aray khá	来月は何月ですか？

● 曜日や年月日の答えかた

wanníi wan phút khráp	今日は水曜日です。
phrûŋníi wan thîi hòk khráp	明日は6日です。
dɯan sĭŋhăakhom khráp	8月です。

ドリル　タイ語は日本語に、日本語はタイ語に訳しなさい。

① raw tɔ̂ŋ yáay bâan kɔ̀ɔn wan thîi sǎam-sìp dɯan miinaa

yáay bâan（引っ越す）

② 私は西暦19××年×月×日に生まれました（自分の誕生日で答えて下さい）。

～に生まれる＝kə̀ət mɯ̂a～

6 「～時（日、週、月、年）間」

～chûamooŋ「～時間」、～wan「～日間」、～aathít「～週間」、～dɯan「～月間」、～pii「～年間」。

phákphɔ̀n 2 chûamooŋ　　2時間、休憩する。

chán cà fɯ̀k ram thay 6 dɯan　　私は6ヶ月間、タイダンスを練習します。

ドリル　タイ語は日本語に、日本語はタイ語に訳しなさい。

① phǒm lên kɔ́ɔp dɯan lá 5 wan　　～lá（～につき）

② タイに2週間、遊びに行きます。

③ あなたは、3年間は我慢すべきだ。　　～すべき＝khuan cà、我慢する＝òt thon

7 手段、道具、材料の前置詞

「～で」、「～によって」のように手段、道具、材料を意味する前置詞には以下がある。使い方に違いがあるので注意しなければならない。

● thaaŋ～＝本来の意味は名詞「道；方法」。前置詞だと手段を表す。

sòŋ thaaŋ prasanii　　郵便で送る。

raw rúucàk kan thaaŋ inthəənèt　　私たちはインターネットで知り合った。

● dooy～＝交通手段や行為者を表す「～で」。慣用表現も多い。

dooy mâak　　たいてい

dooy thûa pay　　一般に、一般の

dooy chaphɔ́　　特に

pay dooy rɯa　　船で行く。

nǎŋ rɯ̂aŋ níi thàay dooy phûukamkàp khon thay

この映画はタイ人監督によって撮影された（やや堅い表現）。

● dûay～＝道具、手段、感情を表す「～で」。

khon yîipùn thaan khâaw dûay takìap　　日本人は箸でご飯を食べる。

kháw yím dûay khwaam phɔɔcay　　彼女は満足して微笑んだ。

> Point　手段を特に強調しない時は、前置詞は使わない。また、dooy の代わりに khɯ̂n「～に乗って～する」、dûay の代わりに cháy「～を使って～する」も使う。話し言葉ではむしろこれらの方がよく使われる。

　　sák náam　　　　　水で洗う。　　　　　　　kin mɯɯ　　　手で食べる。
　　khɯ̂n khrɯ̂aŋbin pay phuukèt　　　飛行機に乗ってプーケットに行く。
　　kháw cháy mîit tàt　　　　　　　　彼はナイフを使って切った。

> ドリル　日本語はタイ語に、タイ語は日本語に訳しなさい。

① khəəy duu thaaŋ thoorathát　khəəy（～したことがある）、thoorathát（テレビ）
② khon thay dooy thûa pay chɔ̂ɔp yîipùn
③ 飛行機でプーケットへ行く。　　飛行機＝khrɯ̂aŋbin、プーケット＝phuukèt
④ 塩と砂糖で味付けをする。　　味を付ける＝pruŋ rót、塩＝klɯa、砂糖＝námtaan

8　相手の同意を求める (kɔ̂ɔ) lɛ́ɛw kan「～でいいよね」

交渉や相談事の最後でよく使われる表現で、「じゃあ～ということにしましょうよ」の意味。元々は「互いにそれで済むし、これ以上は無駄だから、了解してね」ということ。試合などが残念な結果に終わった時にも lɛ́ɛw kan「あーあ」と言って嘆くことがある。

会話の日本語訳

　　よう子　　今週の日曜日はどう？
　　ボーイ　　オーケー。家はどこですか？
　　よう子　　アソーク通りよ。スクムウィット通り17小路にあるマンションです。わたしツーショット写真を撮ってあげますね。
　　　　　　　もっと近づいて。1、2、3。メールで送ってあげるね。
　　ウアン　　ボーイさんはパソコン持っていないの。代わりに私に送って。いまアドレスを書いてあげるから。

タイ文字

　　โยโกะ　　วันอาทิตย์นี้ เป็นไง
　　บอย　　　โอเค บ้านอยู่ที่ไหน
　　โยโกะ　　อยู่ที่อโศก คอนโดที่อยู่ปากซอย 17 ถนนสุขุมวิท
　　　　　　ฉันจะถ่ายรูปคู่ให้นะ　ชิดกว่านี้หน่อย 1 2 3
　　　　　　แล้วจะส่งทางอีเมล์ให้
　　อ้วน　　　ส่งให้ฉันแทนแล้วกัน　เพราะว่าบอยไม่มีคอมพิวเตอร์
　　　　　　เดี๋ยวจะเขียนแอ็ดเดรสให้

第8課 どんな内容の映画？

บทที่ ๘ / bòt thîi pɛ̀ɛt

PART 1

◆◇ 単語 ◇◆   CD 48

- □thoorasàp [โทรศัพท์] 電話
- □mɯɯ [มือ] 手
- □thɯ̌ɯ [ถือ] 持つ
- □mɯɯ thɯ̌ɯ [มือถือ] 携帯電話
- □cam pen [จำเป็น] 必要である
- □weelaa~ [เวลา…] ～の時
- □tìt tɔ̀ɔ [ติดต่อ] 連絡する
- □yàak dây [อยากได้…] ～を欲しい
- □~mǔan kan […เหมือนกัน] やはり～
- □sɯ́ɯ [ซื้อ] 買う
- □talàat [ตลาด] 市場
- □maabunkhrɔɔŋ [มาบุญครอง] マーブンクローン (有名なショッピングモール)
- □ŋâay [ง่าย] 簡単な、易しい
- □cháy [ใช้] 使う、利用する
- □rótfay [รถไฟ] 電車
- □bii thii es [บี.ที.เอส] 高架鉄道の略称 BTS
- □phɛɛŋ [แพง] 高い
- □tháŋ…lɛ́… [ทั้ง…และ…] ～も～も
- □khɔ̌ɔŋ [ของ] もの
- □lɛ́~ [และ] ～と；そして
- □thùuk [ถูก] 安い
- □bɛ̀ɛp [แบบ] タイプ、型
- □lɛ́ɛw tɛ̀ɛ~ [แล้วแต่…] ～次第、～によりけり

73

CD 49

ûan	yoo, mii thoorasàp mɯɯthɯ̌ɯ lɛ́ɛw rɯ̌ɯ yaŋ ?
	campen ná, weelaa cà cháy tìt tɔ̀ɔ kan.
yookò	yaŋ ləəy. chán kɔ̂ yàak dây mɯ̌ankan.
	ûan cà pay sɯ́ɯ dûay kan dây máy ?
ûan	ŋán, pay sɯ́ɯ thîi maabunkhrɔɔŋ máy ?
	pay ŋâay, cháy rótfay bii-thii-es.
yookò	mây rúu wâa phɛɛŋ rɯ́ plàaw ?
ûan	mii tháŋ khɔ̌ɔŋ phɛɛŋ lɛ́ khɔ̌ɔŋ thùuk.
	cà sɯ́ɯ bɛ̀ɛp nǎy, lɛ́ɛw tɛ̀ɛ thəə.

1 時に関する接続詞「～の時」、「～する前」など

時に関する接続詞には下の語があり、使い方が微妙に違うが、人によっても異なるのであまり厳密に考える必要はない。

● weelaa～=「～の時は(いつも)」と事柄が習慣的に起こる場合に使うことが多い。

weelaa duu thiiwii, khun duu chɔ̂ŋ nǎy

テレビを観る時、あなたは何チャンネルを観ますか？

● tɔɔn (thîi)～=「～の時」と一定の期間や時間帯を示す。元々「部分；段階」の意味がある。

tɔɔn rɛ̂ɛk　最初のころ

tɔɔn thîaŋ　お昼ころ

tɔɔn thîi sɯ̀naamí khâw maa, raw kamlaŋ lên yùu thîi chaay thalee

津波がやってきた時、私たちはちょうど浜辺で遊んでいた。

● mɯ̂a～=「～の時」と仮定「～の場合（したら）～する」の2つの意味がある。

khun phɔ̂ɔ sǐa chiiwít mɯ̂a phǒm yaŋ pen dèk lék

父は、ぼくがまだ幼い子供のころ亡くなった。

mɯ̂a khâw sɔ̀ɔp tòk, mây tɔ̂ŋ thoo maa ná

試験に落ちたら、電話しなくてもいいからね。

● phɔɔ～=「～するやいなや」。

phɔɔ hěn nâa dichán, khun mɛ̂ɛ kɔ̂ rɔ́ɔŋhây

私の顔を見るなり、母は泣き出した。

- kɔ̀ɔn (thîi) cà~ =「~するまでに、~する前に」
  yàak cà phóp kàp kháw kɔ̀ɔn thîi cà taay　　死ぬまでに彼女に会いたい。

- lăŋ càak (thîi)~ =「~した後で」
  lăŋ càak còp mahăawítthayalaay, khun yàak cà thamŋaan aray
  　　　　　　　　　　大学を卒業した後、あなたは何の仕事をしたいですか？

ドリル　( )の中に上から適当な語を選んで入れ、日本語に訳しなさい。複数回答可。
① (　　　　) khâw sɔ̀ɔp, phŏm tɯŋ khrîat samə̆ə
　　　　　khâw sɔ̀ɔp（受験する）、tɯŋ khrîat（緊張する）、samə̆ə（いつも）
② (　　　　) mây sabaay, kin yaa dii kwàa　　kin yaa（薬を飲む）
③ (　　　　) kin lâw kɛ̂ɛw diaw, nâa khɔ̆ɔŋ kháw kɔ̂ dɛɛŋ khûn
　　　　　kɛ̂ɛw diaw（グラス1杯）、nâa（顔）、dɛɛŋ（赤い）

2　「~も~も」、「~したり~したり」の表現

- tháŋ~lɛ́~, tháŋ~tháŋ~ =「~も~も」
  leekhăa khɔ̆ɔŋ kháw tháŋ sŭay lɛ́ chalàat　　彼の秘書は美人で賢い。
  phŏm chɔ̂ɔp tháŋ dontrii tháŋ lákhɔɔn　　私は音楽も劇も好きだ。

- ~pay (dûay), ~pay (dûay) =「~しながら~する」
  kin pay (dûay), khuy pay (dûay)　　食べながら、お喋りする。
  rɔ́ɔŋ phleeŋ pay (dûay), tên ram pay (dûay)　　歌を歌いながら、ダンスをする。

- ~bâaŋ, ~bâaŋ =「~したり~したり」
  dɯ̀ɯm bâaŋ, kin bâaŋ　　飲んだり食ったり。

ドリル　タイ語は日本語に、日本語はタイ語に訳しなさい。
① líaŋ lûuk bâaŋ, pay rɔ́ɔŋ phleeŋ kharaokè bâaŋ　　líaŋ（育てる）
② nay wát mii tháŋ phûuyày lɛ́ dèk dèk yə́yɛ́
　　　　　wát（お寺）、phûuyày（大人）、yə́yɛ́（たくさん）
③ 彼は、英語も中国語も話すことができる。
④ 暇な時は、掃除をしたり、洗濯をしたりする。
　　　　　暇＝wâaŋ、掃除をする＝tham khwaam saʔàat、洗濯をする＝sák phâa

3 色の名称

sǐi khǎaw	白色	sǐi námtaan	茶色
sǐi dam	黒色	sǐi thaw	灰色
sǐi dɛɛŋ	赤色	sǐi fáa	空色
sǐi khǐaw	緑色	sǐi mûaŋ	紫色
sǐi lɯ̌aŋ	黄色	sǐi chomphuu	ピンク
sǐi námŋən	青色	sǐi sôm	オレンジ

会話の日本語訳

ウアン　ヨー、もうケータイ持ってるの？連絡に使うのに必要よ。
よう子　まだなの。私、欲しいな。いっしょに買いに行ってくれない？
ウアン　だったら、マーブンクローンへ買いに行こうか？
　　　　高架鉄道（BTS）を使って行けば簡単よ。
よう子　分からないけど、高いかな。
ウアン　高いのもあれば安いのもあるわ。
　　　　どんなのを買うかはあなた次第よ。

タイ文字

อ้วน　　โย มีโทรศัพท์มือถือแล้วหรือยัง
　　　　จำเป็นนะ เวลาจะใช้ติดต่อกัน
โยโกะ　ยังเลย ฉันก็อยากได้เหมือนกัน
　　　　อ้วนจะไปซื้อด้วยกันได้ไหม
อ้วน　　งั้นไปซื้อที่มาบุญครองไหม
　　　　ไปง่าย ใช้รถไฟ บี.ที.เอส
โยโกะ　ไม่รู้ว่าแพงรึเปล่า
อ้วน　　มีทั้งของแพงและของถูก
　　　　จะซื้อแบบไหน แล้วแต่เธอ

PART 2

◆◇ 単語 ◇◆

CD 50

□phaa pay［พาไป］連れて行く
□khɯɯnníi［คืนนี้］今晩
□lɔɔŋ～［ลอง］試しに～する
□thoo［โทร］電話する
□thoo pay［โทร ไป］電話をかける
□nǎŋ［หนัง］映画
□sayǎam［สยาม］サイアムスクウェア（繁華街）
□mii chɯ̂ɯ sǐaŋ［มี ชื่อ เสียง］有名な
□tòk loŋ［ตกลง］分かった、了解
□yàak～［อยาก］～したい
□thay thay［ไทย ๆ］タイっぽい
□tɔɔnníi［ตอนนี้］いま
□kamlaŋ～［กำลัง］～している、～中
□chǎay［ฉาย］上映する
□pràapdaa［ปราบดา］若手人気作家の名
□khǐan［เขียน］書く
□bòt［บท］脚本の類別詞
□khəəy～［เคย］～したことがある
□dâyyin［ได้ยิน］耳にする、聞こえる
□nák khǐan［นักเขียน］作家
□rɯ̂aŋ［เรื่อง］物語；作品の類別詞
□rúu［รู้］知っている
□tɔ̂ŋ～［ต้อง］～しなければならない
□～eeŋ［เอง］自分で
□man［มัน］それ（英語の it）
□plɛ̀ɛk dii［แปลกดี］変わった、面白い

CD 51

yookò	khɔ̀ɔp khun mâak ná thîi chûay phaa pay sɯ́ɯ mɯɯthɯ̌ɯ. khɯɯnníi, chán cà lɔɔŋ thoo pay thîi yîipùn.
ûan	yoo, cà pay duu nǎŋ kan thîi sayǎam dii máy ?
yookò	tòk loŋ. tɛ̀ɛ, chán yàak duu nǎŋ bɛ̀ɛp thay thay.
ûan	tɔɔnníi kamlaŋ chǎay nǎŋ thîi pràapdaa khǐan bòt.
yookò	əə, khəəy dâyyin. pen nákkhǐan mii chɯ̂ɯ sǐaŋ chây máy ? rɯ̂aŋ pen yaŋŋay rə̌ə ?
ûan	mây rúu sí. tɔ̂ŋ duu eeŋ. tɛ̀ɛ, bɔɔy bɔ̀ɔk wâa man plɛ̀ɛk dii.

4　動詞連続

タイ語文法の特徴のひとつは下のように、「動詞+動詞」や「動詞+名詞+動詞+名詞」のように動詞が連続して使われることである。ここでは動詞（句）連続の色々な形を見ていく。

　　　phaa pay　　　　　　　　「連れる」+「行く」=「連れて行く」
　　　pay súɯ　　　　　　　　「行く」+「買う」=「買いに行く」
　　　phaa pay súɯ　　　　　　「連れる」+「行く」+「買う」=「買い物に連れて行く」
　　　pə̀ət pratuu ráp phûan
　　　　　　　「開ける」+「ドア」+「迎える」+「友達」=「ドアを開けて、友達を迎える」
　　　tùɯɯn cháaw láaŋ nâa
　　　　　　　「起きる」+「朝早い」+「洗う」+「顔」=「朝早く起きて、顔を洗う」

● maa + 動詞 =「〜しに来る」、pay + 動詞 =「〜しに行く」
　第1課で既習したように、後の動詞が前の動詞の目的を表している。目的語は最後の動詞の後に置く。

　　　pay duu nǎŋ　　　　　　映画を見に行く。

● 動詞 + maa =「〜して来る」、動詞 + pay =「〜して行く」
　動作や状況が話し手に接近したり、離れたりすることを意味する。目的語がある時は、この2つの動詞の間に置く。

　　　phaa phûan maa　　　　　友達を連れて来る（接近する）。
　　　phaa phûan pay　　　　　友達を連れて行く（遠ざかる）。

|ドリル|　タイ語は日本語に、日本語はタイ語に訳しなさい。

　　　① dəən maa cháa cháa　　dəən（歩く）、cháa cháa（ゆっくり）
　　　② ɔ̀ɔk càak hɔ̂ŋ dǐawníi　　ɔ̀ɔk（出る）、dǐawníi（たったいま）
　　　③ 友だちを地下鉄の駅に送って行く。
　　　　　　　　友だち=phûan、地下鉄=rótfay tâydin、駅=sathǎanii、送る=sòŋ

● 動詞 + 動詞 =前の動作に続けて次の動作をする
　　　yók mɯɯ wây phrá　　　　　手を挙げてお坊さんに合掌する。
　　　mɛ̂ɛ khrua aw mîit hàn núa　女料理人はナイフを取って肉を切った。

● 動詞 + 動詞 =後の動詞が結果を表す
　　　kin lâw maw lɛ́ɛw　　　　　　お酒を飲んで酔っぱらった。
　　　hǎa náŋsɯ̌ɯ dəənthaaŋ cəə　旅券を探して、見つかった。

|Point|　否定形にするには、後の動詞の前に mây を置く。
　　　faŋ mây dâyyin　　耳を傾けたが、聞こえない。

> ドリル　タイ語は日本語に、日本語はタイ語に訳しなさい。
> ④ cháy chɔ́ɔn thaan kɛɛŋ kày
> 　　　　　　　　　cháy（使う）、chɔ́ɔn（スプーン）、kɛɛŋ kày（鶏肉カレー）
> ⑤ tôm núɯa yaŋ mây sùk　　　núɯa（肉）、sùk（火が通る）
> ⑥ 課長は報告書を読み終えた。
> 　　　　　課長=hǔanâa phanɛ̀ɛk、報告書=raayŋaan、読む=àan、終わる=còp

● 動詞 + 補語化した動詞　＝後の動詞が前の動詞の補語となる
　こうした機能を持つ主な動詞（前に置く）は以下の通り。

chɔ̂ɔp〜 「〜するのが好き、よく〜する」
　　kháw chɔ̂ɔp phûut lên　　彼はよく冗談を言う。
rə̂əm〜 「〜し始める」
　　rə̂əm rian phaasǎa thay　　タイ語の勉強を始めた。
lə̂ək〜 「〜するのをやめる」
　　khun phɔ̂ɔ lə̂ək sùup burìi　父はタバコを吸うのをやめた。
lɔɔŋ〜 「〜するのを試す」
　　lɔɔŋ duu sí　　　　　　　試してみなさいよ。やってごらん。
yɔɔm〜 「〜するのを認める」
　　kháw mây yɔɔm faŋ ləəy　彼はまったく聞こうとしない。
klɛ̂ɛŋ〜 「わざと〜する」
　　kháw klɛ̂ɛŋ tham nɛ̂ɛ nɛ̂ɛ　彼は絶対にわざとやったんだ。

> ドリル
> 1．タイ語は日本語に、日本語はタイ語に訳しなさい。
> ⑦ raw rə̂əm khâwcay kan　　khâwcay（理解する）
> ⑧ lɔɔŋ khít duu sí wâa khray tham phìt
> 　　　　　　　　　khít（考える）、tham phìt（間違いを犯す）
> ⑨ 今日から彼とつき合うのはやめる。
> 　　　　　今日=wanníi、から=tâŋtɛ̀ɛ、〜とつき合う=khóp kàp
> ⑩ 私は家族のために犠牲になることを承知する。
> 　　　　　家族=khrɔ̂ɔpkhrua、犠牲になる=sǐa salà
> 2．Aの語にBの語を続けて意味のあるタイ文を完成しなさい。任意に主語を入れ、全文を日本語に訳すこと。複数回答可。

【A】kháw 〜

| chɔ̂ɔp〜「〜が好き」 | rə̂əm〜「〜し始める」 | lə̂ək〜「〜をやめる」 |
| lɔɔŋ〜「〜を試す」 | yɔɔm〜「〜を認める」 | klɛ̂ɛŋ〜「わざと〜する」 |

【B】

1 thamŋaan  働く	2 tham aahǎan  料理を作る	3 duu thiiwii  テレビを見る
4 lên kɔ́ɔp  ゴルフをする	5 koohòk  嘘をつく	6 rɔ́ɔŋ phleeŋ  歌を歌う
7 dəən lên  散歩する	8 àan kaatuun  マンガを読む	9 pen wàt  風邪をひく

会話の日本語訳

よう子　携帯電話を買うのを手伝ってくれて本当にありがとう。
　　　　今晩、わたし日本に電話をかけてみる。
ウアン　ヨー、サヤームに映画でも観に行くのはどう？
よう子　賛成。私、タイ的な映画を観たいな。
ウアン　いま、プラープダーが脚本を書いた映画を上映中よ。
よう子　ああ、聞いたことがある。有名な作家でしょう。
　　　　どんな内容の映画かな。
ウアン　観てみないと分からない。
　　　　でも、ボーイは変わった映画だと言っていたわよ。

タイ文字

โยโกะ　ขอบคุณมากนะที่ช่วยพาไปซื้อมือถือ
　　　　คืนนี้ฉันจะลองโทรไปที่ญี่ปุ่น
อ้วน　โย จะไปดูหนังกันที่สยามดีไหม
โยโกะ　ตกลง ฉันอยากดูหนังแบบไทยๆ
อ้วน　ตอนนี้กำลังฉายหนังที่ปราบดาเขียนบท
โยโกะ　เออ เคยได้ยิน
　　　　เป็นนักเขียนมีชื่อเสียงใช่ไหม เรื่องเป็นยังไงเหรอ
อ้วน　ไม่รู้ซิ ต้องดูเอง แต่บอยบอกว่ามันแปลกดี

第9課 日本では普通のことよ

บทที่ ๙ bòt thîi kâaw

PART 1

◆◇ 単語 ◇◆　　　　　　　　　　　　　CD 52

- tɯ̀ɯn [ตื่น] 起きる
- lúk [ลุก] 立ち上がる
- ~khɯ̂n [ขึ้น] 方向の副動詞
- ~thə̀ [เถอะ] ～しなさい
- còp [จบ] 終わる
- sanùk [สนุก] 楽しい
- khâwcay [เข้าใจ] 分かる、理解する
- yâak [ยาก] 難しい
- pòost moodən [โพสต์โมเดิร์น] ポストモダン
- ~kəən pay [เกินไป] ～すぎる
- nûat [นวด] マッサージする
- sapaa [สปา] スパ
- phə̂ŋ~ [เพิ่ง] ～したばかり
- pə̀ət [เปิด] 開く
- ráan [ร้าน] お店
- thɛ̌wníi [แถวนี้] この辺り
- rúusɯ̀k~ [รู้สึก] ～と感じる
- sabaay [สบาย] 気分がよい
- dɯ̀ɯm [ดื่ม] 飲む
- bia [เบียร์] ビール
- ciŋ [จริง] 本当の
- lâw [เหล้า] お酒
- thammay [ทำไม] どうして
- rɯ̂aŋ [เรื่อง] 話
- thammadaa [ธรรมดา] 普通の
- ~nîi [นี่] ～よ（強調の文末詞）

81

CD 53

yookò	ûan, tùɯn tùɯn.
	lúk khɯ̂n thə̀. nǎŋ còp lɛ́ɛw ná.
ûan	rɤ̌ə ? còp mɯ̂arày. sanùk máy ?
yookò	man khâwcay yâak.
	pen nǎŋ pòost moodən kəən pay.
ûan	yoo, cà pay nùat sapaa máy ?
	phɯ̂an khɔ̌ɔŋ chán phɯ̂ŋ pə̀ət ráan
	thɛ̌wníi ná.

……………………………………………………

yookò	əə, rúusɯ̀k sabaay khɯ̂n. yàak dɯ̀ɯm bia.
ûan	ciŋ rɯ́ plàaw !
	yoo chɔ̂ɔp dɯ̀ɯm lâw rɤ̌ə ?
yookò	chây. thammay ?
	pen rɯ̂aŋ thammadaa thîi yîipùn nîi.

1 「動詞＋動詞」、「動詞＋形容詞」の否定形

「読むのが終わらない」「行っても着かない」や「理解するのが難しくない」、「作っても美味しくない」のように「動詞＋動詞」、「動詞＋形容詞」を否定形にする時は、後の動詞や形容詞の前に mây や yaŋ mây を置く。

- àan náŋsɯ̌ɯ còp → àan náŋsɯ̌ɯ (yaŋ) <u>mây</u> còp
  本を読み終える　（まだ）本を読み終えない
  pay thɯ̌ŋ → pay <u>mây</u> thɯ̌ŋ
  行き着く　行き着かない
- khâwcay yâak → khâwcay <u>mây</u> yâak
  理解するのが難しい　理解するのが難しくない
  tham aahǎan kèŋ → tham aahǎan <u>mây</u> kèŋ
  料理を上手に作る　料理を作るのが上手ではない

ドリル　次のタイ語を否定形にして、日本語に訳しなさい。

① kháw chók muay kèŋ　　chók muay（ボクシングをする）
② tham aahǎan sèt　　sèt（終わる）
注意：　②の回答では、yaŋ mây「まだ～でない」とすること。

2 様々なアスペクト

動詞は過去、現在、未来といった時制（テンス）を表すほか、「～しつつある」、「すでに～した」、「もう少しで～だ」のように持続や完了や始まりを示す場合も使われる。これがアスペクトである。完了は 2 課、進行形は 4 課で既習したので、ここではそれ以外のアスペクトについて見る。

● phôŋ (cà)～＝「～したばかりである」
raw phôŋ tὲŋŋaan　　私たちは結婚したばかりだ。

● cuan cà～＝「もうすぐ、そろそろ」
hìmá cuan cà tòk lέεw　　そろそろ雪が降りそうだ。

Point この場合の lέεw には「完了」の意味はない。強調でつける程度。

● chák cà～＝「～しかけている」
chák cà moohǒo lέεw　　腹が立ってきた。

● kʉ̀ap cà～＝「あやうく、もう少しで～」
námtaan kʉ̀ap cà mòt lέεw　　砂糖がもう少しでなくなりそうだ。

ドリル　（　）の中に適当な語を入れ、日本語に訳しなさい。

① rótfay（　　　　　）cà maa lέεw　　　rótfay（電車）
② dichán（　　　　　）cà mây chɔ̂ɔp khruu
③（　　　　　）cà khʉ̂n khrʉ̂aŋbin mây than
　　khʉ̂n khrʉ̂aŋbin（飛行機に乗る）、than（間に合う）
④ raw（　　　　　）cà maa thʉ̌ŋ kruŋthêep　　maa thʉ̌ŋ（到着する）

3 rʉ̂aŋ「事、話」

rʉ̂aŋ は「事、件、事実、事件、問題、事柄、話、物語」など多様な意味を持つ語で、日常生活でも多用される。この語は映画、小説、劇、話などの類別詞でもある（日本語で言う「1 話、2 話」）。

hǎa rʉ̂aŋ　　問題を起こす。言いがかりをつける。
nʉ́a rʉ̂aŋ　　内容、ストーリー（小説、劇、映画など）。
mây dây rʉ̂aŋ　　ナンセンス。物にならない。話にならない。
mây rúu rʉ̂aŋ　　（話の内容が）訳が分からない。
khun khuy rʉ̂aŋ aray kàp kháw　　あなたは彼と何の話をしていたのですか？
nawaníyaay rʉ̂aŋ níi sanùk mâak　　この小説はとても面白い。

Point　最後の例に出てくる単語 rûaŋ は名詞としては「物語」の意味だが、ここでは類別詞として用いられており、日本語には訳出されない。

ドリル　タイ語は日本語に、日本語はタイ語に訳しなさい。
① mii rûaŋ aray khá
② yàa hăa rûaŋ dii kwàa　　　　　　　hăa rûaŋ（ケチをつける、文句を言う）
③ この本には短編小説が 10 作品ある。
　　　　　　　　　　　　この本には＝nay (náŋsɯ̌ɯ) lêm níi、短編小説＝rûaŋ sân

会話の日本語訳

よう子　　ウアン、目を覚まして。起きてよ。映画終わったわよ。
ウアン　　えー、いつ終った？面白かった？
よう子　　理解するのが難しかった。ポスト・モダン過ぎる映画かな。
ウアン　　ヨー、マッサージにでも行かない？
　　　　　友達がこの辺で店を開いたばかりなのよ。

　　　　　……………………………………………………

よう子　　ああ、とてもいい気分。ビールでも飲みたいな。
ウアン　　ウソー！よう子、よくお酒を飲むの？
よう子　　そうよ、どうして？日本じゃ普通のことよ。

タイ文字

โยโกะ　　อ้วน ตื่น ตื่น ลุกขึ้นเถอะ หนังจบแล้วนะ
อ้วน　　　เหรอ จบเมื่อไหร่ สนุกไหม
โยโกะ　　มันเข้าใจยาก เป็นหนังโพสต์โมเดิร์นเกินไป
อ้วน　　　โย จะไปนวดสปาไหม
　　　　　เพื่อนของฉันเพิ่งเปิดร้านแถวนี้นะ

　　　　　……………………………………………………

โยโกะ　　เออ รู้สึกสบายขึ้น อยากดื่มเบียร์
อ้วน　　　จริงรึเปล่า โยชอบดื่มเหล้าเหรอ
โยโกะ　　ใช่ ทำไม เป็นเรื่องธรรมดาที่ญี่ปุ่นนี่

PART 2

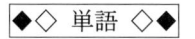

◆◇ 単語 ◇◆

CD 54

□mɯaŋ［เมือง］国
□phûuyǐŋ［ผู้หญิง］女性
□mây khɔ̂y～［ไม่ค่อย］あまり～でない
□dǐaw［เดี๋ยว］いまに
□doon～［โดน］～される（受身）
□duu thùuk［ดูถูก］軽蔑する
□lə̂ək～［เลิก］～するのをやめる
□con［จน］貧しい
□khêmŋûat［เข้มงวด］厳しい
□caŋ［จัง］とても、すごく
□tham hây～［ทำให้］～（の状態）にする
□phɔ̀n khlaay［ผ่อนคลาย］緊張が緩む
□khrîat［เครียด］緊張した、ストレスの
□aysakriim［ไอศกรีม］アイスクリーム
□lɔɔŋ～［ลอง］試しに～する
□cìp［จิบ］（酒を）ちびちび飲む
□sàk nít［สัก นิด］ほんのちょっとだけ
□rúusɯ̀k［รู้สึก］～と感じる
□sàŋ［สั่ง］注文する、命じる
□sòt［สด］生の、新鮮な
□ìik［อีก］さらに、もっと
□kɛ̂ɛw［แก้ว］コップの類別詞；グラス
□yɛ̂ɛ［แย่］困った、大変な
□mɯ̌an［เหมือน］～と同じ
□mɛɛw［แมว］ネコ
□dây～［ได้］～を得る
□plaa［ปลา］魚
□yâaŋ［ย่าง］焼く

CD 55

ûan	thîi mɯaŋ thay, phûuyǐŋ mây khɔ̂y dɯ̀ɯm lâw. dǐaw cà doon duu thùuk.
	khəəy dâyyin máy wâa “lə̂ək lâw, lə̂ək con”
yookò	khêmŋûat caŋ.
	lâw nâ, tham hây phɔ̀n khlaay khrîat dây ná.
ûan	rə̌ə？ tɛ̀ɛ, chán cà aw aysakriim dii kwàa.
yookò	nâa cà lɔɔŋ cìp duu sàk nít.

…………………………………………………………

ûan	əə, rúusɯ̀k khlaay khrîat dii.
	yoo, thəə chûay sàŋ bia sòt ìik kɛ̂ɛw sii.
yookò	yɛ̂ɛ lɛ́ɛw.
	thəə nîi, mɯ̌an mɛɛw dây plaa yâaŋ ləəy.

4　受け身の表現

タイ語の受動態は、「殺された」、「盗まれた」など当事者に不利益なことがあった場合に限って使われる。日本語では普通に使われている「愛されている」、「言われた」などは、タイ語では「～が愛している」、「～が言った」と能動態で表現される。

構文は「A＋thùuk ＋B＋他動詞」（AはBに～された）となる。会話では thùuk に代わって doon を用いることが多い。またBはしばしば省略される。

krapǎw thùuk khamooy　　カバンを盗まれた。

mɯ̂akhɯɯnníi, khon yîipùn thùuk khâa taay　　昨夜、日本人が殺された。

mɯ̂akhɯɯnníi（昨夜）、khâa（殺す）、taay（死ぬ）

doon tôm lɛ́ doon dàa dûay　　だまされ、しかも罵られた。

phǒm doon mia fɔ́ɔŋ yàa　　ぼくは女房に離婚訴訟を起こされた。

fɔ́ɔŋ（訴える）、yàa（離婚する）

dâyráp「受ける、もらう」を使った受動的表現もあるが、書き言葉として使われることが多い。また、「この寺は200年前に立てられた」などは受動態ではなく（被害ではないので）、下の例文のように「この寺は200年前に建った」と表現される。

raw dâyráp chəən pay ŋaan sǒmrót　　私たちは結婚式に招待された。

chəən（招く）、ŋaan sǒmrót（結婚式）

wát níi sâaŋ mɯ̂a sɔ̌ɔŋ-rɔ́ɔy pii kɔ̀ɔn　　このお寺は200年前に建てられた。

mɯ̂a（去る～に）、kɔ̀ɔn（前に、先の）

ドリル　日本語をタイ語に訳しなさい。thùuk と doon の両方を用いること。

① 息子が誘拐された。　　息子＝lûuk chaay、誘拐する＝lák tua

② 私は殺されたくない。　　～したい＝yàak

5　原因→結果の tham hây

「Aが原因になってBが～になった」という表現は、「A＋tham hây ＋B＋動詞句」の構文を使う。Aは文であることが多い。

kháw tham hây lûuk kháa kròot　　彼はお客を怒らせた。

lûuk kháa（お客）、kròot（怒る）

khɔ̌ɔ thôot thîi tham hây khun tòkcay　　あなたを驚かせてごめんなさい。

thîi（２つの文をつなぐ関係詞「～して～」）、tòkcay（驚く）

mɛ̂ɛ phûut talòk tham hây raw hǔarɔ́　　talòk（滑稽な）、hǔarɔ́（笑う）

母が滑稽なことを言ったので、私たちは笑った。

ドリル　タイ語は日本語に、日本語はタイ語に訳しなさい。

① kháw tham hây raw dɯ̀atrɔ́ɔn　　dɯ̀atrɔ́ɔn（難儀な）

② kə̀ət sɔ̌ŋkhraam tham hây raakhaa námman phɛɛŋ khɯ̂n
kə̀ət（起きる、生じる）、sɔ̌ŋkhraam（戦争）、raakhaa（価格）、námman（石油）

③ 私たちを感動させてくれてありがとう。　　感動する＝pratháp cay

6 類似、同等の表現

mɯ̌an「同様だ」は単独でも使えるが、2つの物事を比較する時は次の構文になる。ほかに「似ている」、「同一だ」などの語もある。否定形は、mây mɯ̌an とすると「AはBと違って〜だ」となり、形容詞・動詞・名詞の前に mâyを置くと「AとBは同様に（両方とも）〜でない」となる。下の例で違いを確認すること。

● 「A＋（形容詞・動詞）＋ mɯ̌an kàp ＋B」＝「AはBと〜が同様だ」
「A＋kàp＋B＋（形容詞・動詞・名詞）＋mɯ̌an kan」＝「AとBは〜が同様だ」

khun sǔay mɯ̌an kàp thêepthidaa　　あなたは、天使のように美しい。

hɔ̂ŋníi kwâaŋ mây mɯ̌an kàp bâan phǒm　　この部屋は広くて、私の家とは違う。

khun sǔay mây mɯ̌an kàp kháw　　あなたは、彼女とは違って美しい。

● khláay ＝「似ている」。使い方は上の mɯ̌an の場合と同じ。

phîisǎaw kàp nɔ́ɔŋsǎaw nâataa khláay kan　　姉と妹は顔が似ている。

khon thay nísǎy mây khláay kàp khon yîipùn
タイ人は性格が日本人とは似ていない。

● thâw ＝「（数量が）同じ」。

phîisǎaw kàp nɔ́ɔŋsǎaw sûuŋ thâw kan　　姉と妹は背丈が同じだ。

raw rian yùu thîi rooŋrian diaw kan　　私たちは同じ学校で勉強中です。

phǒm còp mahǎawítthayaalay diaw kàp rátthamontrii
ぼくは大臣と同じ大学を卒業した。

ドリル　次の（　）に適当な語を入れた上、日本語に訳しなさい。また左頁の例文の［　］の形に直しなさい。ただし、④については不要です。

① khon níi khuy kèŋ (　　　　　) kàp khon nán［2］

khuy kèŋ（おしゃべり上手な）

② phaasǎa thay kàp phaasǎa laaw ɔ̀ɔk sǐaŋ (　　　　　) kan［1］

phaasǎa laaw（ラオス語）、ɔ̀ɔk sǐaŋ（発音する）

③ ɛ̀ppên kàp mamûaŋ námnàk (　　　　　) kan［1］

ɛ̀ppên（リンゴ）、mamûaŋ（マンゴー）、námnàk（重さ、体重）

④ phǒm sɯ́ɯ rót khan mày bɛ̀ɛp (　　　　　) kàp kàw

rót khan mày（新車）、bɛ̀ɛp（タイプ、型）、kàw（古い）

会話の日本語訳

ウアン　タイでは、女性はあまりお酒を飲まないのよ。そのうち軽蔑されちゃうし。「お酒をやめて貧乏をやめよう」というのを聞いたことある？

よう子　かなり窮屈ね。お酒はストレスを解消させてくれるわよ。

ウアン　そう。でも私はアイスクリームの方がいいわ。

よう子　少しだけでも味見してみたらいいのに。

……………………………………

ウアン　ああ、とっても晴れ晴れしい気分。
ヨー、生ビールもう一杯たのんで。

よう子　参ったなー。あなた、まるで「猫にかつ節」よ。

タイ文字

อ้วน　ที่เมืองไทย ผู้หญิงไม่ค่อยดื่มเหล้า เดี๋ยวจะโดนดูถูก
เคยได้ยินไหมว่า เลิกเหล้า เลิกจน

โยโกะ　เข้มงวดจัง　เหล้าน่ะ ทำให้ผ่อนคลายเครียดได้นะ

อ้วน　เหรอ แต่ฉันจะเอาไอศกรีมดีกว่า

โยโกะ　น่าจะลองจิบดูสักนิด

……………………………………

อ้วน　เออ รู้สึกคลายเครียดดี
โย เธอช่วยสั่งเบียร์สดอีกแก้วซิ

โยโกะ　แย่แล้ว　เธอนี่ เหมือนแมวได้ปลาย่างเลย

บทที่ ๑๐

第10課

bòt thîi sìp

私達に何の関係があるの？

PART 1

◆◇ 単語 ◇◆

CD 56

□thúrá［ธุระ］用、用事
□nâa rák［น่ารัก］かわいい
□chɔ̂ɔp［ชอบ］〜が好き
□thúk〜［ทุก］すべての〜
□yàaŋ〜［อย่าง］〜のような
□àan［อ่าน］読む
□kaatuun［การ์ตูน］マンガ
□〜dûay［ด้วย］〜も
□kìaw［เกี่ยว］関係する
□kàp raw［กับเรา］私たちに
□phûut［พูด］話す
□thâa〜［ถ้า］もし〜なら
□khàt khɔ̂ŋ［ขัดข้อง］支障がある
□pen〜［เป็น］〜になる
□phɯ̂an［เพื่อน］友だち
□〜dii kwàa［ดีกว่า］〜の方がよい
□khɔ̌ɔ〜［ขอ］〜を下さい
□bəə［เบอร์］番号
□khray［ใคร］だれ
□yɔ̂ɔt〜［ยอด］最高の〜（俗）：頂上
□tɯ́ɯ［ตื๊อ］しつこい（俗）
□ləəy［เลย］まったく

chaay	khɔ̌ɔ thôot.
	khun pen khon yîipùn rɯ̌ɯ khráp ?
yookò	chây khâ. mii thúrá aray ?
chaay	khun nîi, nâarák mâak ná.
	phǒm chɔ̂ɔp yîipùn thúk yàaŋ.
	chɔ̂ɔp àan kaatuun yîipùn dûay.
ûan	lɛ́ɛw, kìaw aray kàp raw !
chaay	mây dây phûut kàp khun.
	thâa mây khàtkhɔ̂ŋ, raw cà pen phɯ̂an kan dây máy khráp?
yookò	əə, mây dii kwàa.
chaay	ŋán, khɔ̌ɔ bəə thoorásàp mɯɯthɯ̌ɯ dây máy ?
ûan	khray cà hây ! yɔ̂ɔt tɯɯ ləəy !

1 nâa が作る合成語

    nâa (cà)「～すべき」という語は動詞と結びついて多くの合成語を作る。ある文の前に置かれると、その文が指し示す行為を「する価値がある」、「～すべきだ」、「～のはずだ」という意味になる。否定形は下の例文を参照のこと。

nâa kin	おいしそうな	nâa klìat	いやらしい、醜い
nâa duu	見事な	nâa bùa	退屈な、うんざりした
nâa sǒŋsǎan	可哀想な	nâa sǒŋsǎy	疑わしい
nâa rák	かわいい	nâa raŋkìat	いまわしい
nâa cà tham yaŋŋán		そうすべきだ。	
mây nâa cà bɔ̀ɔk lûaŋnâa		前もって言うべきではなかった。	

バンカピ市場

果物の王様ドリアン

ドリル 下の絵を見て、nâa cà ～「～すべきだ」、「～するはずだ」と言いなさい。
ただし、下段は否定形「～するべきではない」で答えなさい。

1 pay duu 見に行く	2 phák phɔ̀n 休憩する	3 fǒn tòk 雨が降る
4 dɯ̀ɯm lâw お酒を飲む	5 sùup burìi タバコを吸う	6 yàa kan 離婚する

2 thúk～「毎～、各～、全～」

thúk は単独では使えず、必ず名詞（それも類別詞）と共に用いる。

thúk wan	毎日	thúk khon	皆さん、全員
thúk khɯɯn	毎晩	thúk yàaŋ	何でも、すべて
thúk hɛ̀ŋ	どこでも	thúk sìŋ thúk yàaŋ	何もかも
thúk khráŋ	いつでも、毎回	thúk 4 pii	4年ごとに

3 mây dây～「～していない」

すでに2課で学んだように、過去形の dây は会話ではほとんど使われることはないが、否定形 （yaŋ）mây dây はよく用いられ、しかもその意味は日本語の「(現在に至るもまだ）～していない、～する機会を得ない」となる。過去の 意味でないことに注意する必要がある。

nǎŋ rɯ̂aŋ nán phǒm mây dây duu　　その映画を、ぼくは観ていない。
yaŋ mây dây tàtsǐn cay wâa cà tɛ̀ŋŋaan rɯ̌ɯ mây
結婚するかしないか、まだ決心していない。

Point 上の文で mây dây ではなく、mây だけにすると「意志」を伝える意味となる。
nǎŋ rɯ̂aŋ nán phǒm mây duu　　その映画を、ぼくは観ない。
phǒm yaŋ mây dɯ̀ɯm lâw　　ぼくはまだお酒を飲まない。

| ドリル | 日本語の意味に合うように（ ）の中に mây dây か mây を入れなさい。

① dichán（　　　）ráp kaafɛɛ　　　私はコーヒーはいりません。
② wanníi yaŋ（　　　）rian náŋsɯ̌ɯ　今日はまだ勉強していません。
③ khruu（　　　）rɔ́ɔŋ phleeŋ ləəy　先生はぜんぜん歌っていない。

| 会話の日本語訳

男性　　すみません。あなたは日本人ですか？
よう子　そうですけど、何か用ですか？
男性　　あなたすごくかわいいね。ぼく日本のこと何でも好きです。
　　　　日本の漫画もよく読みます。
ウアン　それが私たちに何の関係があるわけ？
男性　　あなたに話してるんじゃありません。
　　　　良かったら友達になってくれませんか？
よう子　よしておきます。
男性　　それじゃ、せめてケータイ番号いただけませんか？
ウアン　教えるわけないでしょう。まったくしつこいわね！

| タイ文字

ผู้ชาย　　ขอโทษ คุณเป็นคนญี่ปุ่นหรือครับ
โยโกะ　　ใช่ค่ะ มีธุระอะไร
ผู้ชาย　　คุณนี่น่ารักมากนะ ผมชอบญี่ปุ่นทุกอย่าง
　　　　　ชอบอ่านการ์ตูนญี่ปุ่นด้วย
อ้วน　　　แล้วเกี่ยวอะไรกับเรา
ผู้ชาย　　ไม่ได้พูดกับคุณ ถ้าไม่ขัดข้อง
　　　　　เราจะเป็นเพื่อนกันได้ไหมครับ
โยโกะ　　เออ ไม่ดีกว่า
ผู้ชาย　　งั้น ขอเบอร์โทรศัพท์มือถือได้ไหม
อ้วน　　　ใครจะให้ ยอดตื๊อเลย

PART 2

◆◇ 単語 ◇◆   CD 58

- khray [ใคร] だれ
- hanlǒo [ฮัลโหล] もしもし
- klûay [กล้วย] バナナ（ここでは女性の名）
- rŵaŋ [เรื่อง] こと、話
- mŵawaan [เมื่อวาน] 昨日
- khɔ̌ɔ thôot [ขอโทษ] ごめんなさい
- thîinîi [ที่นี่] ここ
- khoŋ~ [คง] たぶん～
- thoo phìt [โทรผิด] かけ間違う
- ~máŋ [มั้ง] ～でしょう（推測）
- thammay [ทำไม] どうして
- bɔ̀ɔk [บอก] 言う、告げる
- tâŋtɛ̀ɛ~ [ตั้งแต่] ～から（以来）
- rɛ̂ɛk [แรก] 最初（の）
- ~kɔ̀ɔn [ก่อน] 先に
- nâa dâan [หน้าด้าน] 図々しい
- nay~ [ใน] ～の中
- ráan [ร้าน] お店
- mii tɛ̀ɛ~ [มีแต่] あるのは～ばかり
- bâa bâa [บ้าๆ] ばかな
- ~tháŋnán [ทั้งนั้น] ～だけ
- klàp bâan [กลับบ้าน] 家に帰る
- bɔ̌y [บ๋อย] ボーイ（ホテル、レストランの）
- chék bin [เช็คบิล] お勘定！

CD 59

ûan	é, khray thoo maa ? hanlǒo ?
chaay	klûay, rŵaŋ mŵawaan, phǒm khɔ̌ɔ thôot ná.
ûan	é, thîinîi mây mii khon chŵɯ klûay. khun khoŋ thoo phìt máŋ.
chaay	ŋán, khray lâ ? thammay mây bɔ̀ɔk tâŋtɛ̀ɛ rɛ̂ɛk ?
ûan	khun thoo pìt kɔ̀ɔn ná. khon nâa dâan !
yookò	raw yùu nay ráan níi mii tɛ̀ɛ rŵaŋ bâa bâa tháŋnán. klàp bâan dii kwàa. bɔ̌y, chék bin dûay.

4 不定代名詞

6課では疑問詞をまとめて学んだが、これらは「何もない」、「誰も知らない」などのように不定代名詞としても使われる。 kɔ̂, kɔ̂ɔ「〜も」という語を伴うことが多い。

いつ	mɯ̂arày	เมื่อไร	pay mɯ̂arày kɔ̂ dâay　いつ行ってもいいです
どこ	thîinǎy nǎy	ที่ไหน ไหน	kin thîinǎy kɔ̂ dâay　どこで食べてもいいです mây dây pay nǎy ləəy　どこへも全く行っていない
誰	khray	ใคร	mây mii khray chûay　助ける人が誰もいない
何	aray	อะไร	thîinîi mây mii aray　ここには何もない
どう	yàaŋray	อย่างไร	cháy yàaŋray kɔ̂ dâay　どう使ってもいいです
いくら いくつ	thâwray	เท่าไร	raakhaa thâwray kɔ̂ cà sɯ́ɯ　値段がいくらでも買います aayú thâwray kɔ̂ mây kìaw　年齢がいくつなど関係ない
なぜ	thammay	ทำไม	thǎam thammay kɔ̂ mây rúu どうして訊くのか分からない

ドリル　日本語をタイ語に訳しなさい。

① ここにはまったく誰もいない。　まったく〜でない＝mây〜ləəy、いる＝yùu
② 私はまったく何も食べたくない。　〜したい＝yàak
③ どんなに説明しても、彼は分からない。　説明する＝athíbaay、分かる＝khâwcay

5 差異、違いの表現

9課の類似、同等表現に引き続き、ここでは違いの表現を学ぶ。

● 「A＋（形容詞・動詞）＋ tàaŋ kàp ＋B」＝「AはBと〜が異なる」
「A＋kàp＋B＋（形容詞・動詞・名詞）＋tàaŋ kan」＝「AとBは〜が異なる」
khun nísǎy tàaŋ kàp kháw　あなたは、性格が彼とは違う。
khun kàp kháw nísǎy tàaŋ kan　あなたと彼は、性格が違う。

● khon lá 〜 ＝「それぞれ違う」。khon「人」という語を使うが、必ずしも人だけを比較するのではないことに注意。
khrɔ̂ɔpkhrua khɔ̌ɔŋ phǒm yùu khon lá hɛ̀ŋ　私の家族は別々に住んでいる。
khun phûut khon lá rɯ̂aŋ　あなたは別のことを言っている。

ドリル 日本語をタイ語に訳しなさい。

① 私とあなたは職業が違っている（違った職業を持っている）。

職業を持つ＝mii aachîip

② 彼ら互いに異なる意見を持っている。　意見＝khwaam hěn

6 前置詞「～から～まで」

● càak～thʉ̌ŋ～ ＝場所の「～から～まで」

phǒm ma càak oosakâa　私は大阪から来ました（大阪出身です）。

càak tookiaw thʉ̌ŋ kruŋthêep　東京からバンコクまで。

● tâŋtɛ̀ɛ～ (con) thʉ̌ŋ～ ＝時間の「～から～まで」

tâŋtɛ̀ɛ tɔɔn bàay, fǒn tòk nàk　午後から、雨が激しく降っている。

thamŋaan tâŋtɛ̀ɛ cháaw (con) thʉ̌ŋ dʉ̀k　朝早くから夜遅くまで働く。

Point càak は「～から（作る）」のように原料を示す時も使われる。また、「～するまでに」というには con kwàa を用いる。

nəəy tham càak nomsòt　バターはミルクから作る。

phǒm cà rɔɔ con kwàa khun cà maa　ぼくはあなたが来るまで待つ。

ドリル ３つの枠の中の語を使って「～から～まで～する」と表現しなさい。複数回答可。

dəən lên（散歩する） àan náŋsʉ̌ʉ（読書する） yáay bâan（引っ越す） thamŋaan phísèet （アルバイトをする）	klaaŋ mʉaŋ（都心） dʉan níi（今月） sǎam thûm（午後９時） bâan（家、自宅）	sǔan sǎathaaraná（公園） chaan mʉaŋ（郊外） pii nâa（来年） thîaŋ khʉʉn（午前０時）

7 限定の言い方

tɛ̀ɛ には接続詞「しかし」のほかに「～のみ、だけ」の意味もある。なお、lɛ́ɛw tɛ̀ɛ ～ となると「～次第です」の意味になる。ここではよく使われる他の限定語も押さえておく。

● tɛ̀ɛ～(thâwnán) ＝「（ある・いるのは）～のみ、だけ」

nay ráan níi mii tɛ̀ɛ phûuyǐŋ (thâwnán)　この店にいるのは女性だけだ。

aw tɛ̀ɛ lên, mây yɔɔm rian　遊ぶばかりで、勉強しようとしない。

sʉ́ʉ rʉ̌ʉ mây sʉ́ʉ lɛ́ɛw tɛ̀ɛ raakhaa　買うか買わないかは価格次第だ。

● khɛ̂ɛ～ ＝「～しか～ない」（数字が予想より少ない時）

phǒm mii ŋən khɛ̂ɛ rɔ́ɔy bàat　ぼくにはお金が 100 バーツしかない。

- (khɛ̂ɛ) ~ thâwnán =「それだけ、〜だけ」(数や量が少ない時に使う)
    dây ŋən dwan khɛ̂ɛ sɛ̌ɛn yen thâwnán　　月給はたった 10 万円だけです。
- tâŋ~ =「〜もある・いる」(数字や量が予想より多い時)
    kháw mii rót tâŋ 5 khan　　　　　　彼は車を 5 台も持っている。

ドリル　タイ語は日本語に、日本語はタイ語に訳しなさい。
① kin tɛ̀ɛ khanǒm kàp phǒnlamáay thâwnán　　phǒnlamáay（果物）
② krapǎw bay níi raakhaa tâŋ 1 mɯ̀ɯn bàat　　krapǎw bay níi（このカバン）
③ wan sǎw thamŋaan khɛ̂ɛ khrɯ̂ŋ wan thâwnán　　khrɯ̂ŋ wan（半日）
④ 私の家族は 3 人しかいない（複数回答可）。　家族=khrɔ̂ɔpkhrua
⑤ タイ語は 6 ヶ月学んだだけです（複数回答可）。　6ヶ月=hòk dɯan
⑥ ここに 50 年も住んでいます。　50年=hâa sìp pii、住む=aasǎy yùu

カムティアン・ハウス（北タイ古民家）

会話の日本語訳	
ウアン	あ、電話だ。誰だろう？もしもし。
男性	クルアイ、ぼく、昨日のこと謝るよ。
ウアン	あのう、こちらにはクルアイなんて人はいませんよ。あなたかけ間違いじゃないの？
男性	だったら誰？どうして最初から言わない。
ウアン	そっちが先にかけ間違ったんでしょう。図々しい！
よう子	この店にいるとアホなことばかりだわ。もう帰った方がよさそう。ボーイさん、お勘定お願い！

タイ文字	
อ้วน	เอ๊ะ ใครโทรมา ฮัลโหล
ผู้ชาย	กล้วย เรื่องเมื่อวาน ผมขอโทษนะ
อ้วน	เอ๊ะ ที่นี่ไม่มีคนชื่อกล้วย คุณคงโทรผิดมั้ง
ผู้ชาย	งั้นใครล่ะ ทำไมไม่บอกตั้งแต่แรก
อ้วน	คุณโทรผิดก่อนนะ คนหน้าด้าน
โยโกะ	เราอยู่ในร้านนี้มีแต่เรื่องบ้าๆ ทั้งนั้น กลับบ้านดีกว่า บ๋อย เช็คบิลด้วย

第11課　bòt thîi sìpʔèt

吐き気もあります

บทที่ ๑๑

PART 1

◆◇ 単語 ◇◆

CD 60

- mây sabaay [ไม่สบาย] 具合が悪い
- pen aray [เป็นอะไร] どうしました？
- khây [ไข้] 熱
- pùat [ปวด] 痛い（内部的）
- thɔ́ɔŋ [ท้อง] お腹
- pùat thɔ́ɔŋ [ปวดท้อง] 腹痛
- tâŋtɛ̀ɛ~ [ตั้งแต่] ～から
- cháaw [เช้า] 朝
- sǒŋsǎy~ [สงสัย] ～ではないか、疑う
- rɔɔ [รอ] 待つ
- rîip~ [รีบ] 急いで～
- mɔ̌ɔ [หมอ] 医者
- pay hǎa mɔ̌ɔ [ไปหาหมอ] 病院へ行く
- rooŋphayaabaan [โรงพยาบาล] 病院
- bamruŋrâat [บำรุงราษฎร์] 有名な病院名
- bàt [บัตร] カード、～証
- prakan [ประกัน] 保険
- naanaachâat [นานาชาติ] 国際
- naaŋ phayaabaan [นางพยาบาล] 看護婦
- thîi~ [ที่] ～（であるところ）の（関係代名詞）

> CD 61

yookò	hanlǒo, ûan chây máy ? chán mây sabaay.
ûan	pen aray ? mii khây rɯ́ plàaw ?
yookò	plàaw. khây mây mii.
	tɛ̀ɛ wâa pùat thɔ́ɔŋ mâak tâŋtɛ̀ɛ cháaw lɛ́ɛw.
ûan	sǒŋsǎy phrɔ́ kin aahǎan pen phít kô dâay.
	rɔɔ diaw ná. chán cà rîip pay.
yookò	yàak cà pay hǎa mɔ̌ɔ thîi rooŋphayaabaan
	bamruŋrâat. phrɔ́ chán mii bàt prakan
	naanaachâat. lɛ́ɛw, thîi nân mii mɔ̌ɔ lɛ́
	naaŋphayaabaan thîi phûut yîipùn dây.

1 pen の様々な使い方

pen には「～です」、「～できる」以外にも以下の様々な用法がある。

- 「～になる」
  phǒm yàak cà pen nák khàaw　　ぼくは記者になりたい。
- 「～として、～に、～の資格で」
  lên pen phrá èek　　主演男優として演じる。
  plɛɛ pen phaasǎa aŋkrìt　　英語に訳す。
  khâw rûam pen phûu thɛɛn　　代理として参加する。
- 「生きている」生存を表す。
  khon pen lɛ́ khon taay　　生者と死者。
  aakaan khɔ̌ɔŋ phûupùay pen taay thâw kan　　病人の症状は生死半々です。

ヤオワラート地区の中国寺

- ●「〜の症状を持つ」身体・精神の病気や毒性などを表す。
    pen wàt　　　　　　カゼをひく。
    kháw pen bâa　　　彼は狂っている。
- ● その他の慣用表現
    pen kaan　　　　　うまくいく　　　pen náam　　　液体の
    pen kan eeŋ　　　気安い　　　　　pen pracam　　いつもの、習慣の
    châŋ man pen ray　構うもんか！　放っておけ！
    mây pen ray　　　大丈夫です、気にしないで。

> ドリル　タイ語は日本語に、日本語はタイ語に訳しなさい。
> ① plaa tua níi yaŋ pen yùu　　　plaa（魚）、tua（動物の類別詞）
> ② dichán hǎay pen mareŋ lɛ́ɛw　　hǎay（治る）、mareŋ（ガン）
> ③ とても難しいです。タイ語に訳せません。　難しい= yâak

2　身体用語

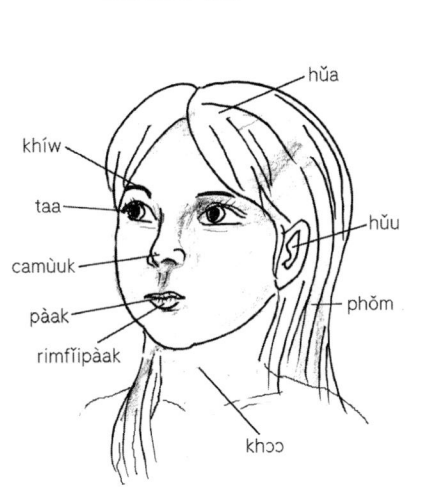

nâataa（顔）

- hǔa
- khíw
- taa
- camùuk
- pàak
- rimfǐipàak
- hǔu
- phǒm
- khɔɔ

râaŋkaay（身体）

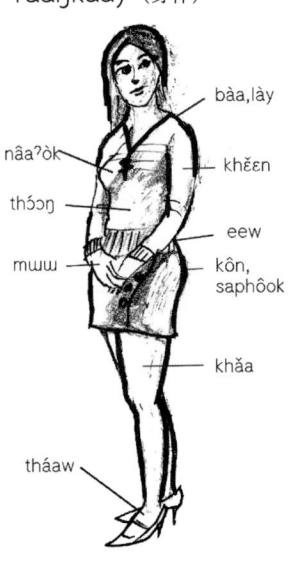

- bàa, lày
- nâaʔòk
- thɔ́ɔŋ
- mɯɯ
- khɛ́ɛn
- eew
- kôn, saphôok
- khǎa
- tháaw

□hǔacay（心臓）　□pɔ̀ɔt（肺）　□tàp（肝臓）　□lamsây yày（大腸）
□kraphɔ́ aahǎan（胃）　□lamsây lék（小腸）　□sên lûat（血管）
□sên prasàat（神経）　□lûat（血、血液）　□fan（歯）
□kradùuk（骨）　□phǐw nǎŋ（皮膚）

3 動詞を前から修飾する語

　タイ語では基本の修飾関係は「被修飾語+修飾語」であることはすでに学んだ。しかし、副詞の一部には動詞を前から修飾するものもある。
- rîip +動詞＝「急いで～する」
   tôŋ rîip thaan　　　　大急ぎで食べなくてはならない。
- khayǎn +動詞＝「勤勉に～する」
   khayǎn rian sí　　　　まじめに勉強しなさいね。

ドリル　タイ語は日本語に、日本語はタイ語に訳しなさい。

① khun aw tὲɛ khayǎn kin lɛ́ khayǎn nɔɔn thâwnán

　　　　　　　　　　　　　　　aw tὲɛ（するだけ）、nɔɔn（寝る）

② 急いで行きなさい。でないと間に合わない。　でないと＝míchanán、間に合う＝than

会話の日本語訳

よう子	もしもし、ウアン？　わたし、具合が悪いの。
ウアン	どうしたの？　熱はある？
よう子	ううん、熱はない。でも、今朝からずっとお腹がとても痛いの。
ウアン	食中毒のせいもあり得るわね。
	待っていてね。急いで行くから。
よう子	バムルンラート病院へ受診に行きたいわ。私、国際保険証持っているし、それにあそこには日本語が話せるお医者さんや看護師さんもいるから。

タイ文字

โยโกะ	ฮัลโหล อ้วนใช่ไหม ฉันไม่สบาย
อ้วน	เป็นอะไร มีไข้รึเปล่า
โยโกะ	เปล่า ไข้ไม่มี แต่ว่าปวดท้องมากตั้งแต่เช้าแล้ว
อ้วน	สงสัยเพราะกินอาหารเป็นพิษก็ได้
	รอเดี๋ยวนะ ฉันจะรีบไป
โยโกะ	อยากจะไปหาหมอที่โรงพยาบาลบำรุงราษฎร์ เพราะฉันมีบัตรประกันนานาชาติ แล้ว ที่นั่นมีหมอและนางพยาบาลที่พูดญี่ปุ่นได้

PART 2

◆◇ 単語 ◇◆   CD 62

- aakaan [อาการ] 症状
- ~pen yàaŋ ray [เป็นอย่างไร] どうです?
- lɛ́ɛw kɔ̂ɔ [แล้วก็] それに
- aacian [อาเจียน] 吐く
- rôok [โรค] 病気
- ráay rɛɛŋ [ร้ายแรง] ひどい、悪質な
- khun mɔ̌ɔ [คุณหมอ] お医者様
- cháawníi [เช้านี้] 今朝
- thàay [ถ่าย] 大便をする
- kìi~ [กี่] 幾~、何~
- ~khráŋ [ครั้ง] ~回、~度
- sìi hâa [สี่ ห้า] 4～5
- rɯ̌ɯ wâa~ [หรือว่า] それとも~
- thɔ́ɔŋ phùuk [ท้องผูก] 便秘
- thammadaa [ธรรมดา] 普通の
- lɔɔŋ~ [ลอง] ~してみる、やってみる
- sǔan [สวน] 浣腸する (すれ違う)
- mây aw [ไม่เอา] 結構です、いらない
- rúusɯ̀k [รู้สึก] 感じる、思う
- rúusɯ̀k wâa~ [รู้สึกว่า] ~のような気がする
- hǎay [หาย] 治る；なくなる

CD 63

mɔ̌ɔ	aakaan pen yàaŋray khráp ?
yookò	pùat thɔ́ɔŋ mâak tâŋtɛ̀ɛ cháaw khâ. lɛ́ɛw kɔ̂ɔ yàak aacian. pen rôok ráayrɛɛŋ rɯ̌ɯ plàaw khá, khun mɔ̌ɔ ?
mɔ̌ɔ	cháawníi thàay kìi khráŋ khráp ?
yookò	mây dây thàay maa sìi hâa wan lɛ́ɛw khâ. rɯ̌ɯ wâa thɔ́ɔŋ phùuk thammadaa khá?
mɔ̌ɔ	ŋán, cà lɔɔŋ sǔan máy khráp ?
yookò	mây khâ, mây aw. rúusɯ̀k wâa hǎay lɛ́ɛw khâ.

4 症状と病名

● 症状

□cèp 痛い（傷など外部的な）
□pùat 痛い（頭痛など内部的な）
□khan かゆい
□nɯ̀ay 疲れる
□thɔ́ɔŋ sǐa 下痢をする
□thɔ́ɔŋ phùuk 便秘気味の
□khwaam dan lohìt sǔuŋ 血圧が高い
□loohìt caaŋ 貧血の
□wian hǔa めまいがする
□mɯ̂ay lâa だるい
□buam, phɔɔŋ むくむ
□bɯ̀a aahǎan 食欲がない
□chaa しびれる
□mii khây 熱がある
□hǎay cay yâak 呼吸が苦しい

● 病名（多くの場合、前に pen や rôok 「病気」を置くと病名になる。例外もある）

□wàt カゼ
□pùat hǔa 頭痛
□khây wàt yày インフルエンザ
□pùat thɔ́ɔŋ 腹痛
□thùuk malɛɛŋ kàt 虫さされ
□fan phù 虫歯
□rôok sɯm sâw うつ病
□mareŋ ガン
□rôok ées エイズ
□kaammarôok 性病
□wannarôok 結核
□khây maalaaria マラリア
□phuum phɛ́ɛ アレルギー
□khây nók 鳥インフルエンザ
□phayâat 寄生虫症
□rítsǐiduaŋ 痔
□aahǎan pen phít 食中毒
□kradùuk hàk 骨折
□khây lɯ̂at ɔ̀ɔk デング熱
□pracam dɯan 月経（病気ではない）
□rôok tìttɔ̀ɔ 伝染病
□khlɔ̂ɔt lûuk 出産する（病気ではない）

● 病院や薬に関する語

□rooŋphayaabaan 病院
□mɔ̌ɔ 医者
□naaŋphayaabaan 看護士
□khâw rooŋphayaabaan 入院する
□ɔ̀ɔk càak rooŋphayaabaan 退院する
□chìit yaa 注射する
□hây nám klɯa 点滴する
□phàa tàt 手術する
□yaa 薬
□prakan sùkkhaphâap 健康保険

5 回数の表現

- khráŋ =「回、度」
  - 2 khráŋ　2回
  - khráŋ rɛ̂ɛk　初回
  - thúk khráŋ　毎回
  - khráŋ thîi 3　3度目
  - pen khráŋ rɛ̂ɛk　初めて〜
  - khráŋ lɛ́ɛw khráŋ lâw　何度も何度も

- hǒn =「回、度」。ほかに「場所、方向」の意味もある。
  - 4 hǒn　4回
  - hǒn nɯ̌a　北の方
  - kìi hǒn　何度
  - hǒn thaaŋ　道路；手だて

- thii =「回、度」(「この1回ぐらいは」の意味が強い。その場合、目上の人には使わない)。
  - ìik thii　もう一度
  - phɔɔ thii　もうたくさんだ
  - baaŋ thii　時々；あるいは〜
  - khɔ̌ɔ thôot thii　(今度ばかりは) 勘弁してよ

Point　他にも、移動回数を表す thîaw、映画の上演回数に使う rɔ̂ɔp「〜回目」などがある。

6 比較の疑問文「AとBではどちらが〜ですか？」

基本的な比較表現は3課で学んだように「A＋形容詞＋ kwàa ＋B」（AはBより〜だ）となる。疑問文にするには次の形をとる。

- A＋ kàp ＋B＋共通の類別詞＋ nǎy ＋形容詞＋ kwàa kan ＝「AとBではどちらが〜ですか？」
  - mǎa kàp mɛɛw tua nǎy too kwàa kan　犬と猫では、どちらが大きいですか？
  - thay kàp yîipùn thîinǎy nǎaw kwàa kan　タイと日本では、どちらが寒いですか？

Point　共通の類別詞がない時は yàaŋ nǎy, aray, mɯ̂aray, thîinǎy など疑問詞を使う。

ドリル　タイ語は日本語に、日本語はタイ語に訳しなさい。
① plaa kàp nɯ́a khun chɔ̂ɔp yàaŋ nǎy mâak kwàa kan
　　　　　　　　　　　　　　　　　plaa（魚）、nɯ́a（肉）
② タイ料理とベトナム料理ではどちらがヘルシーですか？
　　　　　　　　　　　　　　　　　ヘルシー＝sɯ̌əm phalaŋ

7 推測・判断表現(2)

- yôm (cà) 〜 =「当然〜だ、〜は当然だ」
  - thúk khon yôm tôŋkhaan khwaam sùk　誰もが当然、幸福を願う。

● duu mʉ̌an cà ～＝「どうも～のようだ、～らしく思える」（外観からの推測）
khǎw duu mʉ̌an cà mây chɔ̂ɔp phǒm　　彼はどうもぼくを嫌いなようだ。

● thɛ̂ɛp cà～＝「～になりそうだ」（不都合なことの接近）
hǐw khâaw, thɛ̂ɛp cà taay　　お腹が空いて、死にそうだ。

● khɔ̂n khâaŋ (cà) ～＝「かなり、どちらかといえば」
khun phɔ̂ɔ khɔ̂n khâaŋ lɔ̀ɔ　　父はどちらかといえばハンサムだ。

ドリル　適切な場所に yɔ̂m (cà), duu mʉ̌an cà, thɛ̂ɛp cà, khɔ̂ɔn khâaŋ(cà) から選んで入れ、日本語に訳しなさい（複数の回答が可能なものがある。また、どの語を使うかで意味が異なる）。

① tham dii (　　　　) dây dii　　dây（得る、手に入る）
② pii níi (　　　　) rɔ́ɔn　　rɔ́ɔn（暑い）
③ ráan níi (　　　　) pə̀ət mày　　ráan（お店）、pə̀ət（開く）、mày（新しく）
④ klûm cay (　　　　) pen bâa　　klûm cay（悩む）、pen bâa（気が狂う）

会話の日本語訳

医者	どういう病状ですか？
よう子	今朝からお腹がとても痛いんです。それに吐き気もあります。 ひどい病気でしょうか、お医者さん？
医者	今朝はトイレは何回行きましたか？
よう子	お通じは 4～5 日ありません。もしかしたら単なる便秘かも。
医者	だったら浣腸しましょうか？
よう子	いいえ、結構です。 もう治った気がします。

タイ文字

หมอ	อาการเป็นอย่างไรครับ
โยโกะ	ปวดท้องมากตั้งแต่เช้าค่ะ แล้วก็อยากอาเจียน เป็นโรคร้ายแรงหรือเปล่าคะ คุณหมอ
หมอ	เช้านี้ถ่ายกี่ครั้งครับ
โยโกะ	ไม่ได้ถ่ายมาสี่ห้าวันแล้วค่ะ หรือว่าท้องผูกธรรมดาคะ
หมอ	งั้น จะลองสวนไหมครับ
โยโกะ	ไม่ค่ะ ไม่เอา รู้สึกว่าหายแล้วค่ะ

บทที่ ๑๒

第12課

bòt thîi sìp sɔ̌ɔŋ

お母さんの料理は最高です

PART 1

◆◇ 単語 ◇◆

CD 64

□pay thîaw［ไปเที่ยว］遊びに行く
□bâan［บ้าน］家
□baaŋkapì［บางกะปิ］郊外の町の名
□khít wâa～［คิดว่า］～と思う
□khun mɛ̂ɛ［คุณแม่］お母さん
□khoŋ～［คง］たぶん～
□diicay［ดีใจ］うれしい
□thîi～［ที่］～して
□dây cəə［ได้เจอ］～に会う
□khrɔ̂ɔpkhrua［ครอบครัว］家族
□kìi khon［กี่คน］何人
□tháŋmòt［ทั้งหมด］全部で
□phɔ̂ɔ mɛ̂ɛ［พ่อแม่］両親
□khun yaay［คุณยาย］祖母（母方）
□phîi chaay［พี่ชาย］兄
□nɔ́ɔŋ sǎaw［น้องสาว］妹
□líaŋ［เลี้ยง］飼う、養う
□mǎa［หมา］イヌ
□tua［ตัว］動物の類別詞「匹」; 体
□lék［เล็ก］小さな
□yày［ใหญ่］大きな
□khɛ̂ɛ～［แค่］～だけ；しかし
□～thâwnán［เท่านั้น］～のみ、だけ
□dǐaw［เดี๋ยว］いま、これから
□yàak cà～［อยากจะ］～したい
□phǒnlamáay［ผลไม้］果物
□ráan［ร้าน］お店
□ɛ́ppə̂n［แอปเปิ้ล］リンゴ
□kiloo［กิโล］キロ
□～lá［ละ］～につき
□khɔ̌ɔ～［ขอ］～を下さい
□lûuk［ลูก］果物の類別詞「個」; 玉

CD 65

ûan　yoo, cà pay thîaw bâan chán thîi baaŋkapì máy ?　khít wâa khun mɛ̂ɛ khoŋ diicay thîi cà dây cəə thəə.

yookò　khrɔ̂ɔpkhrua khɔ̌ɔŋ ûan mii kì khon ?

ûan　tháŋmòt hòk khon.phɔ̂ɔ mɛ̂ɛ, khun yaay, phîichaay lɛ́ nɔ́ɔŋsǎaw. lɛ́ɛw kɔ̂ɔ líaŋ mǎa tua lék.

yookò　khrɔ̂ɔpkhrua yày ná. bâan chán mii khɛ̂ɛ sǎam khon thâwnán. dǐaw yàak cà sɯ́ɯ phǒnlamáay thîi ráan nán.

………………………………………………

ɛ́ppə̂n níi, thâwray khá ?

khon khǎay　kiloo lá rɔ́ɔy yîi sìp bàat khâ.

yookò　khɔ̌ɔ lûuk yày yày sàk sɔ̌ɔŋ kiloo.

1 親族名称

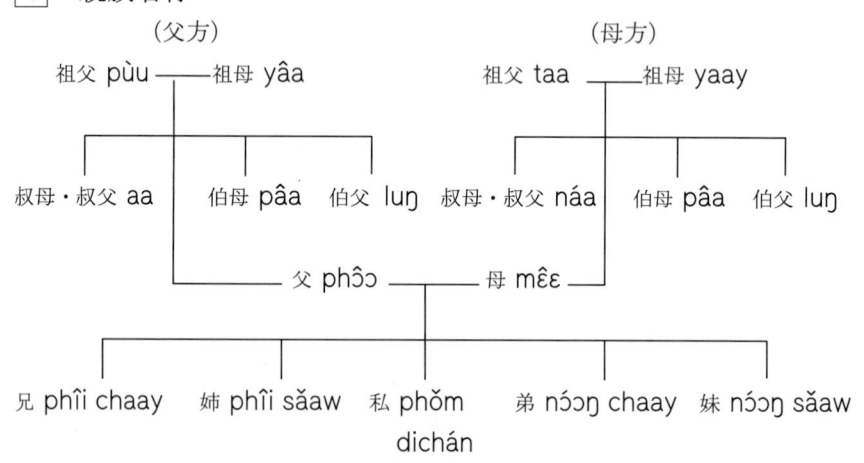

（父方）
（母方）
祖父 pùu
祖母 yâa
祖父 taa
祖母 yaay
叔母・叔父 aa
伯母 pâa
伯父 luŋ
叔母・叔父 náa
伯母 pâa
伯父 luŋ
父 phɔ̂ɔ
母 mɛ̂ɛ
兄 phîi chaay
姉 phîi sǎaw
私 phǒm dichán
弟 nɔ́ɔŋ chaay
妹 nɔ́ɔŋ sǎaw

Point 両親を含め年上の人に呼びかける時は khun～ をつける。

2 主な単位

● 時間

pii（〜年）　dɯan（〜月）　wan（〜日）
chûamooŋ（〜時間）　naathii（〜分）　wínaathii（〜秒）

● 長さ、広さ、重さ

kiloo（キロメートル）　méet（メートル）　sentiméet（センチ）
fút（フィート）　níw（インチ）
taaraaŋ waa（4平方メートル）　rây（1600平方メートル）
kiloo（キログラム）　loo（キログラム）　kram（グラム）

● lá「〜につき〜」(lá の前には類別詞がくる)

wan lá 2 khráŋ　1日に2回
khon lá 100 bàat　1人100バーツ
chûamooŋ lá 200 bàat　1時間200バーツ
kiloo lá thâwray　1キロいくらですか？

ドリル　タイ語に訳しなさい。

① 4年間、経済学を学んだ。　経済学＝sèetthasàat
② 昨日は30分間、公園で散歩した。
　昨日＝mɯ̂awaanníi、公園で＝thîi sǔan sǎathǎaraná
③ 若い頃、私は1日に16時間、働いた。　若い頃＝tɔɔn nùm nùm

3 依頼の表現(2)

chûay 〜 nɔ̀y「〜して下さい」という依頼表現は3課で既習した。ここではそれ以外の依頼表現を見ておく。

● khɔ̌ɔ〜＝後に名詞が来ると「〜を下さい、頂戴」、動詞が来ると「(私に) 〜させて下さい」(相手に行為を頼むことではないことに注意)。後者の使い方には慣用表現が多い。

khɔ̌ɔ ŋən　お金を下さい。
khɔ̌ɔ duu nɔ̀y　ちょっと見せてください。
khɔ̌ɔ phûut kàp khun maalii nɔ̀y　マリーさんをお願いします (〜と話させて下さい)。
khɔ̌ɔ hây mii khwaam sùk　どうかお幸せに (幸福を与えさせて下さい)。
khɔ̌ɔ sadɛɛŋ khwaam yindii　おめでとうございます (喜びを表明させて下さい)。

● karunaa 〜＝顧客などに対しとても丁寧に頼む時。

karunaa rɔɔ sàk khrûu ná khá　少々お待ち下さいませ。
karunaa khǐan thîi yùu dây máy khá　住所をお書きいただきませんでしょうか。

| ドリル | タイ語は日本語に、日本語はタイ語に訳しなさい。

① khɔ̌ɔ hây khun chôok dii　　　chôok dii（幸運な）
② ビールを2本下さい。　　　　　ビール=bia、〜本=khùat
③ 由美子さんを紹介します（〜を紹介させて下さい）。　　紹介する=nénam

| 会話の日本語訳 |

ウアン　よう子、バンカピの私の家へ遊びに来てみない？
　　　　お母さんもあなたに会えたら喜ぶと思うわ。
よう子　あなたの家族何人なの？
ウアン　全部で6人よ。両親、おばあさん、兄と妹、
　　　　それに子犬も一匹飼っているわ。
よう子　大家族ね。私の家は3人だけよ。
　　　　ちょっとあの店で何か買っていきたいわ。
　　　　...
　　　　このリンゴ、いくらですか？
店員　　1キロ120バーツです。
よう子　大きいものを2キロほど下さい。

| タイ文字 |

อ้วน　โย จะไปเที่ยวบ้านฉันที่บางกะปิไหม
　　　คิดว่าคุณแม่คงดีใจที่จะได้เจอเธอ
โยโกะ　ครอบครัวของอ้วนมีกี่คน
อ้วน　ทั้งหมด 6 คน พ่อแม่ คุณยาย พี่ชาย และน้องสาว
　　　แล้วก็ เลี้ยงหมาตัวเล็ก
โยโกะ　ครอบครัวใหญ่นะ　บ้านฉันมีแค่ 3 คนเท่านั้น
　　　เดี๋ยวอยากจะซื้อผลไม้ที่ร้านนั้น
　　　...
　　　แอปเปิ้ลนี้ เท่าไรคะ
คนขาย　กิโลละ120 บาทค่ะ
โยโกะ　ขอลูกใหญ่ๆ สัก 2 กิโล

PART 2

◆◇ 単語 ◇◆ CD 66

- rópkuan [รบกวน] 邪魔する
- chəən [เชิญ] どうぞ
- mây tôŋ~ [ไม่ต้อง] ~しなくてよい
- kreeŋ cay [เกรงใจ] 遠慮する
- taam~ [ตาม] ~にそって、~通りに
- taam sabaay [ตามสบาย] お気軽に
- phɔɔ dii [พอดี] ちょうど
- phêŋ~ [เพิ่ง] ~したばかり
- aahăan iisăan [อาหารอีสาน] 東北タイ料理
- sèt [เสร็จ] 終わる
- dûay~ [ด้วย] ~で (手段)
- mɯɯ [มือ] 手
- cháy [ใช้] 使う
- chɔ́ɔn [ช้อน] スプーン
- sômtam [ส้มตำ] パパイア・サラダ
- arɔ̀y [อร่อย] おいしい
- caŋ [จัง] とても
- fĭimɯɯ [ฝีมือ] 腕前、技量
- thîisùt [ที่สุด] 最高の
- rawaŋ [ระวัง] 注意する、警戒する
- baaŋ~ [บาง] ある~は
- hὲŋ [แห่ง] 場所の類別詞「カ所」; ~の
- àat cà~ [อาจจะ] たぶん~
- phayâat [พยาธิ] 寄生虫
- mɛ̆ɛ [แหม] まあ！
- phûut [พูด] 言う、話す
- ~dii kwàa [ดีกว่า] ~の方がよい
- rɯ̂aŋ níi [เรื่องนี้] そんな話、この話

CD 67

yookò　sawàt dii khâ.
　　　　maa rópkuan rɯ̌ɯ plàaw khá.
mɛ̂ɛ ûan　chəən, chəən.
　　　　mây tôŋ kreŋ cay.　taam sabaay.
　　　　phɔɔ dii, phêŋ tham aahăan iisăan sèt.
　　　　chəən thaan khâaw dûay kan ná.
ûan　　aahăan iisăan ná, thaan dûay mɯɯ,
　　　　mây cháy chɔ́ɔn.
yookò　sômtam níi arɔ̀y caŋ！
　　　　fĭimɯɯ khɔ̌ɔŋ khun mɛ̂ɛ kèŋ thîisùt ləəy khâ.
ûan　　tὲɛ rawaŋ nɔ̀y.　baaŋ hὲŋ àat cà mii phayâat
　　　　kɔ̂ dâay.
yookò　mɛ̆ɛ, ûan mây phûut dii kwàa ná, rɯ̂aŋ níi！

4 その他の助動詞

助動詞に関してはこれまでに、khəəy「～したことがある」(経験)、yàak (cà)「～したい」(願望)、tɔ̂ŋ「～せねばならない；～に違いない」(命令、必然) を学んだ。助動詞はその前に否定語の mây を置くことができる。ここでは残り 2 つの助動詞を学ぶ。

● khuan (cà) ～＝「～すべきだ」

khun khuan khít hây dii	あなたはよく考えるべきだ。
mây khuan raŋkɛɛ dèk lék	小さい子供を虐めるべきではない。

● klâa ～＝「あえて～する、～する勇気がある」

kháw klâa tɔ̀ɔtâan hǔanâa	彼はあえて上司に抵抗した。
phǒm mây klâa sǎaráphâap	ぼくはあえて告白する勇気はない。

ドリル タイ語は日本語に、日本語はタイ語に訳しなさい。

① thâa nɯ̀ay mâak, mây khuan dɯ̀ɯm lâw　　nɯ̀ay（疲れた）
② あの歌手は先生に謝りに行くべきだ。　　謝りに行く＝pay khɔ̌ɔ thôot
③ 一人でアメリカへ行く勇気がない。　　一人で＝khon diaw

5 最上級

タイ語の最上級表現は下のように比較的簡単である。

●A＋　形容詞（副詞）　＋ thîisùt ＝「Aはもっとも～だ」

khun nâa rák thîisùt	あなたは一番可愛い。
kháw phûut thay khlɔ̂ŋ thîisùt	彼女はタイ語を一番流暢に話す。

Point 形容詞（または副詞）を必ず忘れないこと。

ドリル タイ語は日本語に、日本語はタイ語に訳しなさい。

① kháw lên kɔ́ɔp kèŋ thîisùt nay bɔɔrísàt　　lên kɔ́ɔp（ゴルフをする）
② 私は世界でお母さんが一番好きです。　　世界で＝nay lôok

6 季節の言い方

rɯ́duu lɛ́ɛŋ, nâa lɛ́ɛŋ	乾季	rɯ́duu fǒn, nâa fǒn	雨季
rɯ́duu baymáay phlì	春	rɯ́duu rɔ́ɔn, nâa rɔ́ɔn	夏
rɯ́duu baymáay rûaŋ	秋	rɯ́duu nǎaw, nâa nǎaw	冬

7 その他の接続表現(1)

接続表現に関してはこれまでに、lɛ́~「~と；そして」(並列)、kàp~「~と」(並列)、tɛ̀ɛ~「しかし」(逆接)、lɛ́ɛw~「それから」(継起)、thâa「もし~なら」(仮定)、phûa「~のために」(目的)、yàa, hâam「~するな」(禁止)、ləəy, cɯŋ「それで」(結果)、phrɔ́「もし~なら」(仮定・条件)、mɯ̂a「~の時、~である時」(過去の時、条件) などを学んだ。ここではその他の接続詞表現を学ぶ。

● rɯ̌ɯ~＝「または、それとも」
　　wanníi rɯ̌ɯ phrûŋníi　　　今日あるいは明日。
　　tham rɯ̌ɯ mây tham　　　やるか、やらないか。

● mɛ́ɛ tɛ̀ɛ~＝「~さえも」
　　mɛ́ɛ tɛ̀ɛ bàat diaw kɔ̂ɔ mây mii　　　1バーツさえもない。

ドリル　タイ語は日本語に、日本語はタイ語に訳しなさい。
　① khray tham phìt, khun rɯ̌ɯ kháw　　tham phìt（間違ったことをする）
　② 兵士ですらも幽霊を怖がっている。
　　　　　　　　　　兵士＝thahǎan、幽霊＝phǐi、~も怖がる＝yaŋ klua

● wén tɛ̀ɛ ~＝「~を除いて、~でない限り」
　　kháw khoŋ cà maa wén tɛ̀ɛ mây sabaay　　病気でない限り、彼は来るでしょう。

● thɯ̌ŋ, mɛ́ɛ, thɯ̌ŋ mɛ́ɛ (wâa) ~＝「たとえ~でも、~であっても」
　　thɯ̌ŋ fǒn tòk, raw kɔ̂ɔ cà pay　　雨が降っても、われわれは行く。
　　thɯ̌ŋ mɛ́ɛ mây mii ŋən, tɛ̀ɛ phǒm yaŋ rák khun
　　　　　　　　　　　　　お金はなくても、ぼくはあなたを愛している。

● tháŋ tháŋ thîi~＝「~であるにもかかわらず」
　　sǎamii dây ŋən dɯan nɔ́ɔy tháŋ tháŋ thîi bɔɔrísàt mii kamray
　　　　　　　　　　会社は儲けているのに、主人の月給は少ない。

ドリル　タイ語は日本語に、日本語はタイ語に訳しなさい。
　③ ráan nán céŋ tháŋ tháŋ thîi yaŋ khǎay dii
　　　　　　　　　　céŋ（倒産する）、khǎay dii（よく売れる）
　④ khâw hôŋ mây dây wén tɛ̀ɛ phûu thîi kìaw khɔ̂ŋ
　　　　　　　　　　khâw（入る）、phûu thîi kìaw khɔ̂ŋ（関係者）
　⑤ たとえ美人ではあっても、性格が悪い。　　性格＝nísǎy

8 よく使われるタイの諺(1)

CD 68

1. sǐi sɔɔ hây khwaay faŋ 「馬の耳に念仏」

   sǐi (弾く)、sɔɔ (胡弓)、hây～ faŋ (～に聞かせる)、khwaay (水牛)

2. wua hǎay, lɔ́ɔm khɔ̂ɔk 「泥棒を見て、縄をなう」

   wua (牛)、hǎay (消える)、lɔ́ɔm (囲う)、khɔ̂ɔk (牛小屋)

3. sɯ̌a sɔ̂ɔn lép 「能ある鷹は爪を隠す」

   sɯ̌a (トラ)、sɔ̂ɔn (隠す)、lép (爪)

4. khâw mɯaŋ taa lìw, tɔ̂ŋ lìw taa taam 「郷に入れば郷に従え」

   khâw (入る)、taa líw (片目の)、líw taa (片目をつぶる)、taam (従う)

5. kày hěn tiin ŋuu, ŋuu hěn nom kày 「蛇の道は蛇」

   kày (ニワトリ)、hěn (見える)、tiin (足)、ŋuu (ヘビ)、nom (乳)

会話の日本語訳

よう子	こんにちは。おじゃまします。
ウアンの母	どうぞ、どうぞ。遠慮しないで、気楽にしてね。 ちょうど東北タイ料理ができたところよ。 いっしょに食べましょう。
ウアン	東北タイ料理はスプーンじゃなくて、手で食べるのよ。
よう子	このソムタムすごく美味しい。 お母さんの料理の腕は最高です。
ウアン	でも気をつけてよ。店によっては寄生虫がいるから。
よう子	ウアン、それって言わぬが花よ。

タイ文字

โยโกะ	สวัสดีค่ะ มารบกวนหรือเปล่าคะ
แม่อ้วน	เชิญ เชิญ ไม่ต้องเกรงใจ ตามสบาย พอดี เพิ่งทำอาหารอีสานเสร็จ เชิญทานข้าวด้วยกันนะ
อ้วน	อาหารอีสานนะ ทานด้วยมือ ไม่ใช้ช้อน
โยโกะ	ส้มตำนี้ อร่อยจัง ฝีมือของคุณแม่เก่งที่สุดเลยค่ะ
อ้วน	แต่ระวังหน่อย บางแห่งอาจจะมีพยาธิก็ได้
โยโกะ	แหม อ้วน ไม่พูดดีกว่านะ เรื่องนี้

第13課 ずっと友達でいようね

bòt thîi sìp săam
บทที่ ๑๓

PART 1

◆◇ 単語 ◇◆　　CD 69

- □nâataa [หน้าตา] 顔
- □sòtsăy [สดใส] 生き生きした
- □phrɔ́ [เพราะ] だって、なぜなら
- □mây khɔ̂y~ [ไม่ค่อย] あまり~でない
- □aacaan [อาจารย์] 先生、教授
- □phə̂ŋ~ [เพิ่ง] ~したばかり
- □rə̂əm~ [เริ่ม] ~し始める
- □yàa~ [อย่า] ~するな
- □kaŋwon [กังวล] 心配する
- □~mâak pay [มากไป] ~しすぎる
- □mɔɔŋ [มอง] 見つめる、見る
- □lôok [โลก] 世界、世の中
- □nay~ [ใน] ~の中を
- □ŋɛ̂ɛ~ [แง่] ~の見方（角度）で
- □ŋɛ̂ɛ dii [แง่ดี] 楽観的な
- □chɔ̂ɔp~ [ชอบ] ~を好き
- □dii cay [ดีใจ] うれしい
- □tɛ̀ɛ wâa [แต่ว่า] でも
- □thŭŋ cà [ถึงจะ] ~であっても
- □faŋ phìt [ฟังผิด] 聞き間違える
- □rɯ̌ɯ~ [หรือ] あるいは
- □phûut phìt [พูดผิด] 言い間違える
- □mây tɔ̂ŋ~ [ไม่ต้อง] ~することはない
- □khít [คิด] 考える
- □yîŋ…yîŋ… [ยิ่ง…ยิ่ง…] ~すればするほど~
- □weelaa [เวลา] 時、時間
- □phàan pay [ผ่านไป] 過ぎていく
- □~kèŋ [เก่ง] 上手な、上手に
- □nísăy [นิสัย] 性格
- □láʔìat [ละเอียด] 細かい、繊細な

113

CD 70

ûan	yookò, nâataa mây sòtsǎy ləəy ná.
yookò	kɔ̂ɔ phrɔ́ mây khɔ̂y khâwcay thîi aacaan phûut ləəy.
ûan	yoo, thəə phɘ̂ŋ rə̂əm rian. yàa kaŋwon mâak pay sí.
yookò	kaan mɔɔŋ lôok nay ŋɛ̂ɛ dii yàaŋ ûan ná, chán kɔ̂ chɔ̂ɔp lɛ́ diicay. tɛ̀ɛ wâa.....
ûan	thɯ̌ŋ cà faŋ phìt rɯ̌ɯ phûut phìt kɔ̂ɔ mây tɔ̂ŋ khít mâak. yîŋ weelaa phàan pay kɔ̂ yîŋ kèŋ khɯ̂n eeŋ.
yookò	ûan rúu rɯ́ plàaw. chán mii nísǎy láʔìat ɔ̂ɔn ná.
ûan	thəə ná rə̌ə.

1 その他の接続表現(2)

● sǒmmút (wâa) ～＝「仮に～であるとすれば」

sǒmmút mii aayú 150 pii, khun cà tham aray

仮に寿命が150年あったら、あなたは何をしますか？

sǒmmút wâa kɘ̀ət mày ìik, phǒm yàak cà kɘ̀ət pen phûuyǐŋ

もしもまた生まれ変わるとすれば、ぼくは女性に生まれたい。

● yîŋ～ yîŋ～＝「～であればあるほど、いっそう～」

yîŋ phèt yîŋ chɔ̂ɔp　　辛ければ辛いほど、好きです。

nawaníyaay lêm níi yîŋ àan yîŋ sanùk　　この小説は読めば読むほど面白い。

ドリル　タイ語は日本語に、日本語はタイ語に訳しなさい。

① yîŋ fɯ̀khàt mâak, yîŋ kèŋ khɯ̂n　　fɯ̀khàt（練習する）、kèŋ（上手な）

② もしもまた生まれ変わるとすれば、ぼくは宇宙飛行士になりたい。

宇宙飛行士＝nák awakàat

- yàaŋray kɔ̂ɔ taam〜=「いずれにしても」
  yàaŋray kɔ̂ɔ taam, dichán mây kìaw khɔ̂ŋ aray ləəy
  どっちにしろ、私はまったく何も関係ありません。

- daŋnán〜, phrɔ́chanán〜=「だから、したがって」
  kháw khayǎn thamŋaan, phrɔ́chanán cɯŋ pen khon ruay
  彼は熱心に働いた。それでお金持ちになった。

- 〜thii ray 〜thúk thii=「〜するといつも〜、〜の時はいつも〜」
  chán phûut thii ray, khun khàtkháan thúk thii
  私が話をする時、あなたはいつも逆らう。

ドリル タイ語は日本語に、日本語はタイ語に訳しなさい。

③ khon yîipùn khayǎn thamŋaan, phrɔ́chanán prathêet cɯŋ carəən rew
  carəən（発展する）、rew（はやく）

④ いずれにしても、私はタイで仕事を探します。　　仕事を探す=hǎa ŋaan

2　形容詞や動詞の抽象名詞化

　タイ語の抽象名詞は次のようにできている。通常、khwaam や kaan で始まる語は辞書には記載されていないので、意味を知りたい時は khwaam や kaan を省いた元の形で調べること。

- khwaam + 動詞、形容詞=静的な意味の抽象名詞。

rák	愛する	khwaam rák	愛
mǎay	意味する	khwaam mǎay	意味
rúu	知っている	khwaam rúu	知識
sùk	幸せな	khwaam sùk	幸福
ciŋ	本当の	khwaam ciŋ	事実、真実

- kaan + 動詞、名詞=動きのある抽象名詞(kaan にはそれ自体に「仕事」の意味がある)。

àan	読む	kaan àan	読書
khǐan	書く	kan khǐan	執筆
ŋən	お金	kaan ŋən	金融
mɯaŋ	国、町	kaan mɯaŋ	政治

| ドリル | 以下の動詞、形容詞、名詞を（　）内の意味になるように抽象名詞にしなさい。

① ŋaan（業務）　② klua（恐怖）　③ dəən（歩行）
④ nɔɔn（睡眠）　⑤ khrua（台所仕事）　⑥ rew（速度）
⑦ chûa（信念）　⑧ sŭuŋ（高さ）　⑨ thahăan（軍事）
⑩ phìt（過失）　⑪ kháa（商売）　⑫ tàaŋ prathêet（外交）

市場での商い

| 会話の日本語訳 |

ウアン　　よう子、ぜんぜん冴えない顔してるわよ。
よう子　　だって先生の講義があまり聞き取れなくて。
ウアン　　ヨー、まだ勉強を始めたばかりよ。
　　　　　心配しすぎないで。
よう子　　ウアンの楽観主義は私も好きだし、うれしいわ。でも…
ウアン　　たとえ聞き間違えたり、間違って話しても考えすぎないで。
　　　　　時間が経てば経つほど、自然と上手になるわよ。
よう子　　ウアン、知ってる？　私それなりに繊細な性格なのよ。
ウアン　　あなたが？

| タイ文字 |

อ้วน　　โยโกะ หน้าตาไม่สดใสเลยนะ
โยโกะ　ก็เพราะไม่ค่อยเข้าใจที่อาจารย์พูดเลย
อ้วน　　โย เธอเพิ่งเริ่มเรียน　อย่ากังวลมากไปซิ
โยโกะ　การมองโลกในแง่ดีอย่างอ้วนนะ
　　　　ฉันก็ชอบและดีใจ　แต่ว่า....
อ้วน　　ถึงจะฟังผิดหรือพูดผิดก็ไม่ต้องคิดมาก
　　　　ยิ่งเวลาผ่านไป ก็จะยิ่งเก่งขึ้นเอง
โยโกะ　อ้วนรู้รึเปล่า ฉันมีนิสัยละเอียดอ่อนนะ
อ้วน　　เธอนะเหรอ

PART 2

◆◇ 単語 ◇◆ CD 71

- hǔarɔ́ [หัวเราะ] 笑う
- thammay [ทำไม] どうして
- ɔ̀ɔk [ออก] 出す、出る
- kamlaŋ [กำลัง] 力
- kaay [กาย] 身体
- chên [เช่น] 例えば
- muay [มวย] ボクシング
- muay thay [มวยไทย] ムアイタイ
- tâŋ cay [ตั้งใจ] 熱心に～
- faŋ [ฟัง] 聞く
- ciŋ [จริง] 本当の
- tɔɔnníi [ตอนนี้] いま
- kamlaŋ～ [กำลัง] ～中である
- hít [ฮิต] ヒット（英語）
- nay～ [ใน] ～の中で、間で
- mùu [หมู่] グループ、集団
- sǎw sǎaw [สาวๆ] 若い女性たち
- dâyyin wâa～ [ได้ยินว่า] ～と聞いた
- mii prayòot [มีประโยชน์] 役に立つ
- sǎmràp～ [สำหรับ] ～用に、～のために
- lɔɔŋ～ [ลอง] 試しに～する
- prɯ̀ksǎa [ปรึกษา] 相談する
- ～thiiray [ทีไร] ～の時はいつでも
- rúusɯ̀k [รู้สึก] 感じる
- sabaay cay [สบายใจ] 気分が良い
- thúk thii [ทุกที] いつも
- phɯ̂an [เพื่อน] 友だち
- talɔ̀ɔt pay [ตลอดไป] ずっと
- chên kan [เช่นกัน] 同じです
- sanìt [สนิท] 親しい
- chiiwít [ชีวิต] 生、人生、命

CD 72

yookò　　hǔarɔ́ thammay.
ûan　　ɔ̀ɔk kamlaŋ kaay sí, chên muay thay.
yookò　　tâŋcay faŋ rɯ̌ɯ plàaw.
ûan　　chán phûut ciŋ. tɔɔnníi kamlaŋ hít nay mùu
　　　　sǎw sǎaw ná. dâyyin wâa mii prayòot mâak
　　　　sǎmràp dayʔèt.
yookò　　rə̌ə. ŋán, chán cà lɔɔŋ tham duu.
　　　　prɯ̀ksǎa kàp ûan thiiray, chán rúusɯ̀k sabaay cay
　　　　khɯ̂n thúk thii.　ûan pen phɯ̂an rák khɔ̌ɔŋ chán.
　　　　raw cà pen phɯ̂an kan talɔ̀ɔt pay ná.
ûan　　chên kan.
　　　　raw cà pen phɯ̂an sanìt talɔ̀ɔt chiiwít ləəy.

3　場所の前置詞

nay	～の中	nɔ̂ɔk	～の外
bon, nɯ̌a	～の上	tâay	～の下
nâa	～の前	lǎŋ	～の後ろ
khâŋ	～の側	yaŋ	(～の方向) へ
khâŋ nay	中	khâŋ nɔ̂ɔk	外
khâŋ bon	上	khâŋ lâaŋ	下
khâŋ nâa	前	khâŋ lǎŋ	後ろ
troŋkhâam	～の向かい		
khwǎa	右の	sáay	左の
rawàaŋ	～の間	rɔ̂ɔp	～の周り
khâw pay	入っていく	ɔ̀ɔk maa	出てくる
ɔ̀ɔk pay	出て行く	khâw maa	入ってくる

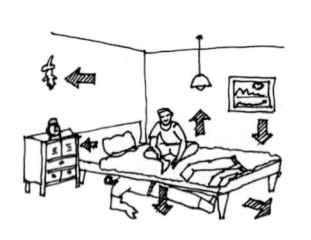

ドリル　日本語の意味に合うように（　）に場所の前置詞を入れなさい。

① aacaan yùu (　　　　) hɔ̂ŋ wícay　　教授は研究室の中にいる。
② mia ɔ̀ɔk pay (　　　　)　　女房は外へ出て行った。
③ mii náŋsɯ̌ɯ yùu (　　　　) tó　　机の上に本がある。
④ mii tônmáay yày yùu (　　　　) bâan　　家の裏に大きな木がある。
⑤ bâan yùu (　　　　) rooŋrian kàp praysanii　　家は学校と郵便局の間にある。

4　例示・言い替えの表現

● chên～=「たとえば～、～のように」
　chán chɔ̂ɔp aahǎan phèt chên tôm yam kûŋ
　　　　　　　　　私は辛い料理が好きだ、たとえばトムヤムクンのような。

● yàaŋ～=「～のように」
　yàak cà wâat rûup hây kèŋ yàaŋ kháw　　彼のように上手に絵を書きたい。

● ～daŋ (tɔ̀ɔ pay) níi =「～の通り」
　sìŋkháa thîi sòŋ maa mii daŋ níi　　送られてきた商品は以下の通り。

● dây kɛ̀ɛ～=「すなわち、つまり～」
　khɔ̌ɔŋ baw baw dây kɛ̀ɛ kradàat rɯ̌ɯ kuncɛɛ
　　　　　　　　　とても軽いもの、たとえば紙やカギなど。

Point　この他に yók tua yàaŋ chên～「例をあげると」、daŋ chên～「～のように」、pen tôn wâa～「例えば～のいったように」などもある。

5 よく使われるタイの諺(2)

CD 73

1. sìp bîa klây mɯɯ 「明日の百より今日の五十」

   sìp (10)、bîa (古代のビア貝貨幣)、klây (近くの)、mɯɯ (手)

2. lûuk máay lɔ̀n mây klay tôn 「蛙の子は蛙」

   lûuk máay (果実)、lɔ̀n (落ちる)、klay (遠くに)、tôn (幹)

3. càp plaa sɔ̌ɔŋ mɯɯ 「二兎を追う者は一兎をも得ず」

   càp (つかむ)、plaa (魚)、sɔ̌ɔŋ (2)、mɯɯ (手)

4. sìp pàak wâa mây thâw taa hěn 「百聞は一見にしかず」

   pàak (口)、wâa (言う)、mây thâw (等しくない)、taa hěn (目で見る)

5. pìt thɔɔŋ lǎŋ phrá 「縁の下の力持ち」

   pìt (貼る)、thɔɔŋ (金、ゴールド)、lǎŋ (背中に)、phrá (仏像)

6. kam sanɔ̌ɔŋ kam 「自業自得、因果応報」

   kam (業)、sanɔ̌ɔŋ (報いる)

7. sǒm náam sǒm nɯ́a kan 「割れ鍋にとじ蓋」

   sǒm (似合う)、náam (水、汁)、nɯ́a (肉)

8. nǐi sɯ̌a pà cɔɔrakhêe 「一難去ってまた一難」

   nǐi (逃げる)、sɯ̌a (虎)、pà (出くわす)、cɔɔrakhêe (ワニ)

9. khìi lǎŋ sɯ̌a 「乗りかかった船」

   khìi (運転する、乗る)、lǎŋ (背中)

10. sǐa nɔ́ɔy sǐa yâak, sǐa mâak sǐa ŋâay 「安物買いの銭失い」

    sǐa (失う)、nɔ́ɔy (少し)、yâak (難しい)、ŋâay (易しい)

仲良し同士サイアムスクエアのアイスクリーム店で

会話の日本語訳

よう子　　どうして笑うのよ。
ウアン　　体でも動かしたら？例えばタイボクシングとか。
よう子　　真面目に聞いてる？
ウアン　　本当よ。いま若い女性の間で流行っているし。
　　　　　ダイエットに最高らしいって聞いたわ。
よう子　　へえ、それじゃやってみようかしら。
　　　　　ウアンに相談するときはいつも、私とても元気になるのよね。
　　　　　あなたは私の大事な友達。ずっと仲良くできたらいいな。
ウアン　　こちらこそ。私たち一生、親友でいよう。

タイ文字

โยโกะ　　หัวเราะทำไม
อ้วน　　　ออกกำลังกายซิ เช่นมวยไทย
โยโกะ　　ตั้งใจฟังหรือเปล่า
อ้วน　　　ฉันพูดจริง ตอนนี้กำลังฮิตในหมู่สาวๆนะ
　　　　　ได้ยินว่ามีประโยชน์มากสำหรับไดเอ็ต
โยโกะ　　เหรอ งั้นฉันจะลองทำดู
　　　　　ปรึกษากับอ้วนทีไร ฉันรู้สึกสบายใจขึ้นทุกที
　　　　　อ้วนเป็นเพื่อนรักของฉัน
　　　　　เราจะเป็นเพื่อนกันตลอดไปนะ
อ้วน　　　เช่นกัน เราจะเป็นเพื่อนสนิทตลอดชีวิตเลย

文字編1　　子音字

1　タイ語の子音字（アルファベット＝ ก.ไก่ [kɔɔ kày]）

　タイ語の子音字は42字ある。どの子音字にもその字を用いた単語の名前が当てられている。同じ音でも字形が違うこともあるが、使用頻度が高いのは、たいていその内の1字である。

Point
1. 子音字はどれも母音 -ɒ [-ɔɔ] を伴って発音する。
2. 「中」＝中類字、「高」＝高類字、「低」＝低類字を指す。ある音節の声調は、頭子音の字類が何であるかで決まるので、42字の字類はしっかり覚える必要がある。
3. 「末子音の発音」は42字が音節の最後に来た時の発音を示す。8種類しかなく、頭子音の時の発音とは異なるものもあるので注意が必要。

CD 74

	文字	頭子音としての発音	種類	名称（タイ文字）	意味	末子音としての発音
1	ก	k	中	kɔɔ kày ไก่	鶏の k	k
2	ข	kh	高	khɔ̌ɔ khày ไข่	卵の kh	k
3	ค	kh	低	khɔɔ khwaay ควาย	水牛の kh	k
4	ฆ	kh	低	khɔɔ rakhaŋ ระฆัง	鐘の kh	k
5	ง	ŋ	低	ŋɔɔ ŋuu งู	蛇の ŋ	ŋ
6	จ	c	中	cɔɔ caan จาน	皿の c	t
7	ฉ	ch	高	chɔ̌ɔ chìŋ ฉิ่ง	シンバルの ch	t
8	ช	ch	低	chɔɔ cháaŋ ช้าง	象の ch	t
9	ซ	s	低	sɔɔ sôo โซ่	鎖の s	t
10	ฌ	ch	低	chɔɔ kachəə กะเฌอ	樹木の ch	t
11	ญ	y	低	yɔɔ yǐŋ หญิง	女の y	n
12	ฎ	d	中	dɔɔ chadaa ชฎา	冠の d	t
13	ฏ	t	中	tɔɔ patàk ปะฏัก	牛追い鞭の t	t
14	ฐ	th	高	thɔ̌ɔ thǎan ฐาน	台座の th	t

121

15	ฑ	th	低	thɔɔ monthoo มณโฑ	モントーの th	t
16	ฒ	th	低	thɔɔ phûuthâw ผู้เฒ่า	老人の th	t
17	ณ	n	低	nɔɔ neen เณร	小僧の n	n
18	ด	d	中	dɔɔ dèk เด็ก	子供の d	t
19	ต	t	中	tɔɔ tàw เต่า	亀の t	t
20	ถ	th	高	thɔ̌ɔ thǔŋ ถุง	袋の th	t
21	ท	th	低	thɔɔ thahǎan ทหาร	兵隊の th	t
22	ธ	th	低	thɔɔ thoŋ ธง	旗の th	t
23	น	n	低	nɔɔ nǔu หนู	ねずみの n	n
24	บ	b	中	bɔɔ baymáay ใบไม้	木の葉の b	p
25	ป	p	中	pɔɔ plaa ปลา	魚の p	p
26	ผ	ph	高	phɔ̌ɔ phɯ̂ŋ ผึ้ง	蜜蜂の ph	p
27	ฝ	f	高	fɔ̌ɔ fǎa ฝา	蓋の f	p
28	พ	ph	低	phɔɔ phaan พาน	高脚台の ph	p
29	ฟ	f	低	fɔɔ fan ฟัน	歯の f	p
30	ภ	ph	低	phɔɔ sǎmphaw สำเภา	ジャンク船の ph	p
31	ม	m	低	mɔɔ máa ม้า	馬の m	m
32	ย	y	低	yɔɔ yák ยักษ์	鬼の y	y
33	ร	r	低	rɔɔ rɯa เรือ	船の r	n
34	ล	l	低	lɔɔ liŋ ลิง	猿の l	n
35	ว	w	低	wɔɔ wɛ̌ɛn แหวน	指輪の w	w
36	ศ	s	高	sɔ̌ɔ sǎalaa ศาลา	休憩所の s	t
37	ษ	s	高	sɔ̌ɔ rɯɯsǐi ฤๅษี	道士の s	t
38	ส	s	高	sɔ̌ɔ sǔa เสือ	虎の s	t
39	ห	h	高	hɔ̌ɔ hìip หีบ	箱の h	
40	ฬ	l	低	lɔɔ culaa จุฬา	星型凧の l	n
41	อ	ʔ	中	ʔɔɔ ʔàaŋ อ่าง	洗面器の ʔ	
42	ฮ	h	低	hɔɔ nókhûuk นกฮูก	ふくろうの h	

2　子音字の書き順

ก kɔɔ (中)	ข khɔ̌ɔ (高)	ค khɔɔ (低)	ฆ khɔɔ (低)	ง ŋɔɔ (低)
จ cɔɔ (中)	ฉ chɔ̌ɔ (高)	ช chɔɔ (低)	ซ sɔɔ (低)	ฌ chɔɔ (低)
ญ yɔɔ (低)	ฎ dɔɔ (中)	ฏ tɔɔ (中)	ฐ thɔ̌ɔ (高)	ฑ thɔɔ (低)
ฒ thɔɔ (低)	ณ nɔɔ (低)	ด dɔɔ (中)	ต tɔɔ (中)	ถ thɔ̌ɔ (高)
ท thɔɔ (低)	ธ thɔɔ (低)	น nɔɔ (低)	บ bɔɔ (中)	ป pɔɔ (中)
ผ phɔ̌ɔ (高)	ฝ fɔ̌ɔ (高)	พ phɔɔ (低)	ฟ fɔɔ (低)	ภ phɔɔ (低)
ม mɔɔ (低)	ย yɔɔ (低)	ร rɔɔ (低)	ล lɔɔ (低)	ว wɔɔ (低)
ศ sɔ̌ɔ (高)	ษ sɔ̌ɔ (高)	ส sɔ̌ɔ (高)	ห hɔ̌ɔ (高)	ฬ lɔɔ (低)
อ ʔɔɔ (中)	ฮ hɔɔ (低)			

3 中類字、高類字、低類字の一覧

【中類字】 ９字（使用頻度の低い字は小さくしてある）

ก	จ	ด	ฎ	ต	ฏ	บ	ป	อ
[kɔɔ]	[cɔɔ]	[dɔɔ]	[dɔɔ]	[tɔɔ]	[tɔɔ]	[bɔɔ]	[pɔɔ]	[ʔɔɔ]

【高類字】 １０字（使用頻度の低い字は小さくしてある）

ข	ฉ	ถ	ฐ	ผ	ฝ	ส	ศ	ษ	ห
[khɔ̌ɔ]	[chɔ̌ɔ]	[thɔ̌ɔ]	[thɔ̌ɔ]	[phɔ̌ɔ]	[fɔ̌ɔ]	[sɔ̌ɔ]	[sɔ̌ɔ]	[sɔ̌ɔ]	[hɔ̌ɔ]

【低類字】 ２３字（使用頻度の低い字は小さくしてある。ほとんど使わない ฌฑฒฬ は省略）

対応子音字

ค	ฅ	ช	ซ	ท	ธ	พ	ภ	ฟ	ฮ
[khɔɔ]	[khɔɔ]	[chɔɔ]	[sɔɔ]	[thɔɔ]	[thɔɔ]	[phɔɔ]	[phɔɔ]	[fɔɔ]	[hɔɔ]

単独子音字

ง	น	ณ	ม	ย	ญ	ร	ล	ว
[ŋɔɔ]	[nɔɔ]	[nɔɔ]	[mɔɔ]	[yɔɔ]	[yɔɔ]	[rɔɔ]	[lɔɔ]	[wɔɔ]

ドリル

1. 次の子音字の発音を書きなさい。（高子音は上声の符号を忘れないこと）

① บ [　　] ② ค [　　] ③ บ [　　] ④ ม [　　] ⑤ ง [　　]

⑥ ต [　　] ⑦ จ [　　] ⑧ ร [　　] ⑨ ท [　　] ⑩ ผ [　　]

⑪ น [　　] ⑫ ส [　　] ⑬ ว [　　] ⑭ ป [　　] ⑮ อ [　　]

2. 次の子音字の種類を書きなさい。（中・高・低類字）

① พ [　　] ② ช [　　] ③ ฝ [　　] ④ ห [　　] ⑤ ย [　　]

⑥ ล [　　] ⑦ ด [　　] ⑧ จ [　　] ⑨ ฉ [　　] ⑩ ส [　　]

3. 次の発音記号をタイ文字に直しなさい（複数回答を含む）。

① mɔɔ [　　] ② rɔɔ [　　] ③ wɔɔ [　　] ④ khɔ̌ɔ [　　] ⑤ ŋɔɔ [　　]

⑥ fɔ̌ɔ [　　] ⑦ cɔɔ [　　] ⑧ sɔ̌ɔ [　　] ⑨ hɔ̌ɔ [　　] ⑩ bɔɔ [　　]

文字編2　母音字と音節

1　母音字の種類と発音

タイ語の母音字は以下の表の通りである。常に子音字に右に書かれる英語などとは異なり、タイ語の母音字は子音字の右、左、上、下、あるいはその組み合わせなど多様である。下の表で—の記号はそこに子音字が置かれることを示す。

【真正母音】

長母音		短母音		長母音		短母音	
—า	[-aa]	—ะ	[-a?]	แ—	[-ɛɛ]	แ—ะ	[-ɛ?]
—า—	[-aa-]	—ั—	[-a-]	แ——	[-ɛɛ-]	แ—็—	[-ɛ-]
—ี	[-ii]	—ิ	[-i?]	โ—	[-oo]	โ—ะ	[-o?]
—ี—	[-ii-]	—ิ—	[-i-]	โ——	[-oo-]	——	[-o-]
—ู	[-uu]	—ุ	[-u?]	—อ	[-ɔɔ]	เ—าะ	[-ɔ?]
—ู—	[-uu-]	—ุ—	[-u-]	—อ—	[-ɔɔ-]	—็อ—	[-ɔ-]
—ื	[-ɯɯ]	—ึ	[-ɯ?]	เ—อ	[-əə]	เ—อะ	[-ə?]
—ื—	[-ɯɯ-]	—ึ—	[-ɯ-]	เ—̂อ—	[-əə-]		
				เ—ย	[-əəy]		
เ—	[-ee]	เ—ะ	[-e?]				
เ——	[-ee-]	เ—็—	[-e-]				

【二重母音】　　　　【余剰母音】

เ—ีย	[-ia]	ไ—	[-ay]
เ—ีย—	[-ia-]	ใ—	[-ay]
เ—ือ	[-ɯa]	เ—า	[-aw]
เ—ือ—	[-ɯa-]		
—ัว	[-ua]	—ำ	[-am]
—ว—	[-ua-]		

Point
1. 二重母音には短母音もあるが、例が少ないので省略した。
2. 余剰母音には上のもの以外もあるが、本文中の実際の語例（อังกฤษ「英語」など）で示す。

2 母音字の書き方

長母音字、余剰母音字、短母音字の書き方は以下の表の通りである。

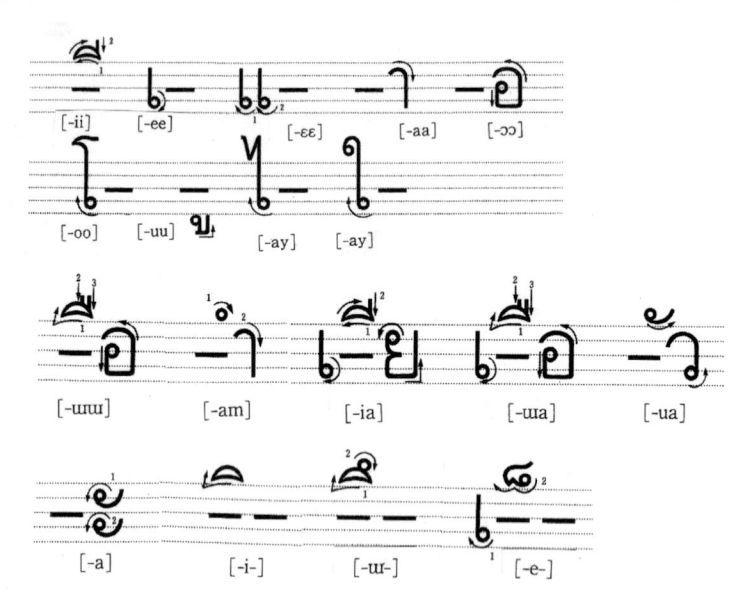

◌ี	เ◌	แ◌	◌า	◌อ
[-ii]	[-ee]	[-ɛɛ]	[-aa]	[-ɔɔ]

โ◌	◌ู	ใ◌	ไ◌
[-oo]	[-uu]	[-ay]	[-ay]

◌ือ	◌ำ	เ◌ีย	เ◌ือ	◌ัว
[-ɯɯ]	[-am]	[-ia]	[-ɯa]	[-ua]

◌ะ	◌ิ	◌ึ	เ◌ะ
[-a]	[-i-]	[-ɯ-]	[-e-]

3 母音字と音節

● **中・低類字 ＋ 母音（長・二重・余剰）＝平声**

このような組み合わせでできている下の単語を読んでみましょう。

กา [kaa] カラス　　ไป [pay] 行く　　เมีย [mia] 妻

ดู [duu] 見る　　ตา [taa] 目　　เรือ [rɯa] 船

ใจ [cay] 心　　ตัว [tua] 体　　มี [mii] ある

ドリル　1．下の単語を読みなさい（16～18は二重子音なので注意）。

① ทา 塗る　② นา 田　③ ปี 年、歳　④ โต 大きい　⑤ รำ 踊る

⑥ แล 見る　⑦ รู 穴　⑧ มือ 手　⑨ เรา 我々　⑩ วัว 牛

⑪ ยา 薬　⑫ นำ 導く　⑬ งู 蛇　⑭ ใน ～の中　⑮ ทำ する

⑯ ปลา 魚　⑰ ใคร だれ　⑱ ครู 先生

● 高類字 ＋ 母音（長・二重・余剰）＝上声

高類字が頭子音の時は、その音節の声調は上声になる。これは重要。

ขา [khǎa] 脚　　สี [sǐi] 色　　ฝา [fǎa] ふた

ขอ [khɔ̌ɔ] 下さい　　หู [hǔu] 耳　　หัว [hǔa] 頭

ドリル　2．下の単語を読みなさい。

① ผี お化け　② ไถ 耕す　③ หอ 講堂　④ เขา 彼、彼女　⑤ เสีย なくす

⑥ เผา 焼く　⑦ เสือ 虎　⑧ ฝี できもの　⑨ ถือ 持つ　⑩ ใส 澄んだ

● 中・高・低類字 ＋ 短母音

これまでは長・二重・余剰母音で終わる単語だけを見てきた。しかしタイ語には短母音もある。短母音で終わる音節の場合は声調が長・二重・余剰母音の場合とは下の表のように異なる。

頭子音	長・二重・余剰母音（既習）	短母音
中類字	平声　เดา　daw「推測する」	低声　เกาะ　kɔ̀「島」
高類字	上声　ใส　sǎy「透明な」	低声　เสาะ　sɔ̀「探す」
低類字	平声　มา　maa「来る」	高声　มิ　mí「〜でない」

กะ [kà] 〜と　　ดุ [dù] 叱る　　ผุ [phù] 腐る、朽ちる

เฉาะ [chɔ̀] 薄く切る　เพราะ [phrɔ́] なぜなら　　และ [lɛ́] そして

ドリル　3．下の単語を読みなさい（頭子音が中・高・低類字のどれかに必ず注目すること）。

① เอะ 疑う　② เอะอะ 騒ぐ　③ เกะกะ 乱雑な　④ เถอะ 〜なさい

⑤ เขลาะ 若々しい　⑥ เขะขะ さしさわりがある　⑦ โละ 捨てる

⑧ เยอะแยะ たくさん　⑨ พุ 湧き出る　⑩ แวะ 立ち寄る

4 「子音＋母音＋子音」の音節

● 末子音のある単語

　これまでは「子音＋母音」の音節構造になっている単語だけを学んできたが、実際にはタイ語の単語の圧倒的多数は下の例のように、「子音＋母音＋子音」になっている。ここでは末子音が m, n, ŋ, y, w で終わる「平音節」のケースのみを見てみる。

頭子音	長・二重・余剰母音	短母音
中類字	平声　จาน　caan「お皿」	**平声**　บิน　bin「飛ぶ」
高類字	上声　สาม　sǎam「3」	**上声**　ฝัน　fǎn「夢」
低類字	平声　ยาว　yaaw「長い」	**平声**　ยุง　yuŋ「蚊」

Point　表の右半分で、太字で表されている声調が、左ページの表の声調と異なっていないことに注意。平音節で終わる時は、途中の母音の種類に関係なく字類によって決まっていることが分かる。

ドリル　下の単語を読みなさい（頭子音が中・高・低類字のどれであるかに必ず注目すること）。

1．音節に長・二重・余剰母音がある単語
　① ตาย 死ぬ　② โตเกียว 東京　③ กลาง 中心の　④ แกง カレー
　⑤ จีน 中国　⑥ ของ ～の　⑦ ขาย 売る　⑧ ขาว 白い
　⑨ เสียง 音、声　⑩ เมือง 国、市　⑪ โรงแรม ホテル　⑫ เพลง 歌

2．音節に短母音がある単語
　① กิน 食べる　② จน 貧しい、～まで　③ อัน 小さな物　④ เป็น ～です
　⑤ ผม 僕、髪　⑥ หิว 空腹の　⑦ ถุง 袋　⑧ สงสัย 疑う
　⑨ วัน 日　⑩ ลง 降りる　⑪ เร็ว 速い　⑫ คุณ あなた

5 平音節と促音節の音節

● 平音節・促音節とは何か

音節の最後にくる末子音は大きく2つの種類に分かれる。それが「平音節」と「促音節」である。両者の違いは下の表の通りとなる。

平音節	① 長母音・二重母音・余剰母音で終わる、または ② ม [-m]、น [-n]、ง [-ŋ]、ย [-y]、ว [-w] で終わる
促音節	① 短母音で終わる、または ② ก [-k]、ด [-t]、บ [-p] で終わる

どちらの末子音であるかによって声調は下の表のように違ってくる。ちなみに、前ページで学んだ単語はすべて平音節。表中の具体的語例で理解して下さい。影つき部分は既習。

	平音節		促音節	
	① 長・二重・余剰	② ม.น.ง.ย.ว	① 短母音	② ก.ด.บ
中類字	平声 ดำ [dam] 黒い	平声 แดง [dɛɛŋ] 赤い	低声 เกาะ [kɔ̀] 島	低声 ปาก [pàak] 口
高類字	上声 หา [hǎa] 求める	上声 หาย [hǎay] 失う	低声 เสาะ [sɔ̀] 探す	低声 ขาด [khàat] 欠く
低類字	平声 เมีย [mia] 妻	平声 แมว [mɛɛw] 猫	高声 มิ [mí] ～でない	下声 (中が長母音) แคบ [khɛ̂ɛp] 狭い

ドリル 下の単語を読みなさい。(上の促音節②のケースのみ出題。他は練習済み)

① ดอก 花　② จอด 止まる　③ จับ つかむ　④ ตก 落ちる

⑤ เปิด 開く　⑥ ปวด 痛い　⑦ แขก 客　⑧ ขวด ビン

⑨ สืบ 引き継ぐ　⑩ ถูก 正しい、安い　⑪ ถอด 脱ぐ　⑫ สอบ 試験する

⑬ แลก 交換する　⑭ มืด 暗い　⑮ เงียบ 静かな　⑯ มาก 多い

⑰ เลือด 血　⑱ ชอบ 好きである

6　母音字の綴りの変化

母音の中には下のように、末子音が続く時、綴りの形が変化するものがある。新しい符号が加わったり、ある符号が落ちたりと複雑に変化するが、語例は多くない。母音字表で既習済みであるが、ここで再確認しておく。比較的、重要な語が多い。

2は1の音節の最後に子音の ย がきた場合だけに起きる、例外的な綴りです。

	綴り字の変化	語例	意味
1	เ–อ　+　–　>　เ–ิ– [–əə]　[–]　[–əə–]	เดอ　+　น　>　เดิน [dəə]　[n]　[dəən]	「歩く」
2	เ–อ　+　ย　>　เ–– [–əə]　[y]　[–əə–]	เนอ　+　ย　>　เนย [nəə]　[y]　[nəəy]	「バター」
3	–ือ　+　–　>　–ื– [–ɯɯ]　[–]　[–ɯɯ–]	ลือ　+　ม　>　ลืม [lɯɯ]　[m]　[lɯɯm]	「忘れる」
4	–ัว　+　–　>　–ว– [–ua]　[–]　[–ua–]	สัว　+　ย　>　สวย [sǔa]　[y]　[sǔay]	「美しい」

ドリル　下の単語を読みなさい。

① เติม 加える　② เลย まったく　③ คืน 夜　④ สวม 着る

⑤ เกิน～すぎる　⑥ รวย 裕福な　⑦ เคย～したことがある　⑧ ปืน 銃

⑨ ยืม 借りる　⑩ เดินทาง 旅行する　⑪ เลิก やめる　⑫ กลืน 飲み込む

⑬ สวน 庭　⑭ เผย 開く　⑮ มวย ボクシング　⑯ เฉย 無関心な

⑰ เนิน 丘　⑱ ยืน 立つ　⑲ รวม 集める　⑳ เพิ่ม 加える

文字編３　声調符号

1　声調符号のある音節

● 声調符号の呼称と書き方

声調符号の種類、呼称、書き方は以下の通り。

種類	符号	名称	書き方
第１符号	่	ไม้เอก [máy èek]	่↓
第２符号	้	ไม้โท [máy thoo]	้
第３符号	๊	ไม้ตรี [máy trii]	๊
第４符号	๋	ไม้จัตวา [máy càttawaa]	๋↓

● 声調規則

タイ語の単語には声調符号がついたものもある。下の表は声調符号がない音節、ある音節のすべてを含んだものの声調を示したものである（左半分は既習）。基本的にはすべての音節の声調がこの表によって分かる。

<table>
<tr><td rowspan="2">頭子音の種別</td><td colspan="3">声調符号がない音節</td><td colspan="4">声調符号がある音節</td></tr>
<tr><td>平音節</td><td colspan="2">促音節</td><td>่</td><td>้</td><td>๊</td><td>๋</td></tr>
<tr><td>中類字</td><td>—
平声</td><td colspan="2">＼
低声</td><td>＼
低声</td><td>∧
下声</td><td>／
高声</td><td>∨
上声</td></tr>
<tr><td>高類字</td><td>∨
上声</td><td colspan="2">＼
低声</td><td>＼
低声</td><td>∧
下声</td><td>なし</td><td>なし</td></tr>
<tr><td rowspan="2">低類字</td><td rowspan="2">—
平声</td><td>長母音</td><td>短母音</td><td rowspan="2">∧
下声</td><td rowspan="2">／
高声</td><td rowspan="2">なし</td><td rowspan="2">なし</td></tr>
<tr><td>∧
下声</td><td>／
高声</td></tr>
</table>

「平音節」＝①長母音・二重母音・余剰母音か、②［-m］、［-n］、［-ŋ］、［-y］、［-w］で終わる

「促音節」＝①短母音か、②［-k］、［-t］、［-p］で終わる

「長母音」＝低類字の促音節だけに現れるもので、その音節に「長母音」がある場合。

（例）ราก［râak］（根）

「短母音」＝同上だが、その音節に「短母音」がある場合。（例）รัก［rák］（愛する）

2 声調符号のついた単語を正しく読む

ある音節や単語の正しい声調は、次の手順をふめば分かる。

①まず、頭子音が「中類字」「高類字」「低類字」のどれで始まっているかを見る。それによって上の表のその字類の横列だけ見ればよいことが分かる。

②次に、その音節に声調符号がなければ、その音節が「平音節」か「促音節」かを見る。この段階で下例のような単語の声調が分かる。

ภาษา［phaasǎa］言葉　　ฉีดยา［chìit yaa］注射する

③その音節が低類字の促音節である場合は、その音節に「長母音」があるか「短母音」があるかを見る。この段階で下例の単語の声調が分かる。

รอด［rɔ̂ɔt］免れる　　รถ［rót］自動車

④最後は、もしその音節に声調符号があれば、その符号の縦列と交差する枠の声調が求める声調である。この段階で下例のような単語の声調が分かる。

แม่น้ำ［mɛ̂ɛ náam］川　　ร้องไห้［rɔ́ɔŋ hây］泣く

ドリル 下の単語を読みなさい。

1．中類字で始まる単語（二重子音の場合、声調符号は第２子音字の上に書く）

① บ่าย 午後　② เก่า 古い　③ ต่ำ 低い　④ ตื่น 起きる　⑤ อ่าน 読む

⑥ ได้ できる　⑦ เก้าอี้ イス　⑧ อ้วน 太った　⑨ ก้าว 進む　⑩ ต้ม 煮る

⑪ ด้าย 糸　⑫ กว้าง 広い　⑬ เก๋ しゃれた　⑭ เดี๋ยว ちょっと　⑮ บ๊วย 梅

2．高類字で始まる単語（二重子音の場合、声調符号は第２子音字の上に書く）

① ไข่ 卵　② ห่อ 包む　③ ส่วน 部分　④ เขื่อน ダム　⑤ ถั่ว 豆

⑥ สี่ 4　⑦ ส่ง 送る　⑧ สั่ง 命じる　⑨ ผ้า 布　⑩ เข้า 入る

⑪ ห้า 5　⑫ เข้าใจ 分かる　⑬ สั้น 短い線　⑭ แห้ง 乾いた　⑮ ผึ้ง 蜜蜂

3．低類字で始まる単語（二重子音の場合、声調符号は第２子音字の上に書く）

① นี่ これ　② พี่ 兄姉　③ ว่าง 暇な　④ เรื่อง 話　⑤ ย่าง 焼く

⑥ นี้ この　⑦ ช้า 遅い　⑧ ร้อง 歌う　⑨ คล้าย 似る　⑩ แล้ว ～した

⑪ น้อย 少ない　⑫ นั่น それ　⑬ ชั้น 級　⑭ ยิ้ม 微笑む　⑮ ครึ่ง 半分

文字編4　特殊な綴り

1　その他の末子音

● **基本の末子音とその他の末子音**

これまでに学んだ末子音は下のように平音節が5字、促音節が3字である。

平音節：ม, น, ง, ย, ว　　促音節：ก, ด, บ
　　　　[-m] [-n] [-ŋ] [-y] [-w]　　　　　[-k] [-t] [-p]

しかし、タイ語の末子音には下の語のように頭子音の時とは異なる発音をするものもある。

　　頭子音の時　ร้าน [ráan]　店
　　末子音の時　อาหาร [aahǎan]　料理
　　　　　　　　การ [kaan]　仕事

下はすべての末子音字とその発音の関係を表にしたもの。末子音となる場合、-n や -t と発音する子音字が多い。英語の Hotel はタイ人の発音では「ホーテン hooten」となる。

	発音	末子音字	その他の末子音字
平音節	-m	ม	
	-n	น	ณ ญ ร ล ฬ
	-ŋ	ง	
	-y	ย	
	-w	ว	
促音節	-k	ก	ข ค ฆ
	-t	ด	ต จ ช ฒ ท ธ ส ศ ษ ฎ ฏ ฐ ถ ฑ ฌ ซ
	-p	บ	ป พ ฟ ภ

ドリル　下の単語を読みなさい。

① อาจ たぶん　② บาท バーツ　③ เชิญ どうぞ　④ มาร 悪魔

⑤ โทษ 罰する　⑥ โรค 病気、招く　⑦ ประเทศ 国　⑧ พืช 植物

133

2 読まない頭子音字

● 読まない ห と声調

ห で始まる単語には次の例のように［h］を読まず2番目の子音字から読むものがある。ただし、ห は読まない代わりに、この音節の頭子音の字類は「高類字」と見なされる。

หมา［mǎa］ 犬

ドリル 下の単語を読みなさい。

① หรือ または ② หนู ねずみ ③ หวาน 甘い ④ หยุด 止まる ⑤ หนัก 重い
⑥ หนึ่ง 1 ⑦ หม้อ なべ ⑧ เหล้า 酒 ⑨ หมอ 医者

● 読まない อ と声調

次の4つの単語の最初の อ も読まない。この場合は、音節の字類が「中類字」に変わる。

อย่า［yàa］するな、อยู่［yùu］いる、อย่าง［yàaŋ］の様な、อยาก［yàak］したい

3 見かけ上の二重子音字の読み方

● 真正二重子音

すでに学んだようにタイ語の二重子音には以下の14種類がある。

กร, กล, กว	คร, คล, คว	ขร, ขล, ขว
kr-, kl-, kw-	khr-, khl-, khw-	khr-, khl-, khw-
ปร, ปล	พร, พล	ตร
pr-, pl-	phr-, phl-	tr-

● 見かけ上の二重子音（疑似二重子音）

上記以外の二重子音は形の上では二重子音だが、発音では2音節に読む。Point は疑似二重子音では、読む時に頭子音の後に軽い母音の「a」を添えることである。この場合の声調は以下の原則に従う。

①	第2子音が単独低子音 ม, น, ญ, ง, ย, ร, ล, ว であるとき、声調は第1子音の字類に従う。
②	上記以外の場合、声調は第2子音字の字類に従う。

สนาม［sanǎam］広場、 สบาย［sabaay］元気な

（左の単語のケースが表の1、右の単語が表の2にあたる）

> ドリル　下の単語を読みなさい。

① ขนาด サイズ　② สนุก 楽しい　③ ฉลาด 賢い　④ อร่อย おいしい
⑤ ตลาด 市場　⑥ ชนิด 種類　⑦ ขนม お菓子　⑧ ชนะ 勝つ
⑨ สบาย 元気な　⑩ แสดง 表す　⑪ สหาย 友　⑫ อภัย 許す

4　二度読みする子音字

タイ語の多音節語（通常は2音節）の中には、最初の音節の末子音を発音した後、次の音節の頭子音としてもう一度発音する語（一字再読）がある。

พัทยา ＝ พัท [phát]
　　　　　　ทยา [thayaa] ＝ [phátthayaa] パタヤ

วิทยุ [wítthayú] ラジオ、 กิจการ [kìtcakaan] 活動、 ศาสนา [sàatsanǎa] 宗教

> ドリル　下の単語を読みなさい。

① ผลไม้ 果物　② ชนบท 農村　③ คุณภาพ 品質　④ พัฒนา 発展する
⑤ รัฐบาล 政府　⑥ สุขภาพ 健康　⑦ ราชการ 公務　⑧ ตุ๊กตา 人形

5　ร の特殊な発音

● **第2子音字のとき**
　こうした場合は、-ร- が [-ɔɔr-] と発音される。語例は多くない。
　บริษัท [bɔɔrísàt] 会社、 บริเวณ [bɔɔríween] 付近、 จระเข้ [cɔɔrákhêe] ワニ

● **末子音字のときの特殊な発音**
　この場合は、-ร が [-ɔɔn] と発音される。語例は多くない。
　ละคร [lákhɔɔn] 演劇、 อักษร [àksɔ̌ɔn] 文字、 ถาวร [thǎawɔɔn] 永久の

● **รร の発音**
　-รร- は [-a-] と発音し、-รร は [-an] と発音する。

　ธรรม [tham] 仏法、 บรรดา [bandaa] 全体

● **その他の発音**
　ทราย [saay] 砂、 สร้าง [sâaŋ] 建てる、 จริง [ciŋ] 本当の

6 様々な符号

● **反復符号**　ๆ の符号がついた語は２度読みする。

อื่นๆ [ʉ̀ʉn ʉ̀ʉn] ほかの、 ช้าๆ [cháa cháa] とてもゆっくり

● **省略符号**　長い固有名詞には省略符号 ฯを書いて、以降の記述を省く。

กรุงเทพฯ [kruŋthêep] バンコク

● **実際の発音が表記上の発音と異なる語**

เขา [kháw] 彼、彼女、 ดิฉัน [dichán] 私（女）

หนังสือ [náŋsʉ̌ʉ] 本、 ไหม [máy] ～ですか？

● **黙音符号**

(1) ์ の符号がついた語は読みません。

สัตว์ [sàt] 動物、 สัตย์ [sàt] 正直な、 รถยนต์ [rótyon] 自動車

(2)黙字符合の前の字も読まない語、符合がないのに読まない語もあります。

วันจันทร์ [wan can] 月曜日、 จักร [càk] 機械、輪

7 タイ数字

タイではアラビア数字とタイ数字の両方が用いられている。タイ数字は知っておいた方が何かと便利である。

๑ ๒ ๓ ๔ ๕ ๖ ๗ ๘ ๙ ๑๐

1	2	3	4	5	6	7	8	9	10
หนึ่ง	สอง	สาม	สี่	ห้า	หก	เจ็ด	แปด	เก้า	สิบ
[nʉ̀ŋ]	[sɔ̌ɔŋ]	[sǎam]	[sìi]	[hâa]	[hòk]	[cèt]	[pɛ̀ɛt]	[kâaw]	[sìp]

ドリル　下のタイ数字をアラビア数字で書き、タイ語で読み上げなさい。

① ๓๖๔　② ๕๙๑　③ ๒๗๘　④ ๑๕๒　⑤ ๔๓๕

⑥ ๙๒๗　⑦ ๘๐๖　⑧ ๗๔๓　⑨ ๖๘๙　⑩ ๓๑๐

文字編5　タイ文講読1

CD 75

อายูมิ เรียน อยู่ ที่ กรุงเทพฯ

อายูมิ เป็น ผู้หญิง ญี่ปุ่น. ตอนนี้ เขา อยู่ ที่ กรุงเทพฯ. เพราะว่า อายูมิ เป็น นักศึกษา ต่างชาติ ของ มหาวิทยาลัย ธรรมศาสตร์. เขา อาศัย อยู่ ที่ หอพัก ของ มหาวิทยาลัย และ ขยัน เรียน อยู่ ทุก วัน.

ใน หอพัก มี เพื่อน คนไทย หลาย คน. เพื่อน ทุก คน ใจดี มาก. บาง คน สอน ภาษา ไทย ให้ อายูมิ และ บาง คน พา เขา ไป เที่ยว บ่อย ๆ.

ปรกติ อายูมิ ชอบ ไป ซื้อ เสื้อ แถว สยาม. แต่ ตอนนี้ เขา ไม่ ค่อย มี เงิน. เพราะฉะนั้น เขา คิด ว่า คืนนี้ เขา จะ ต้อง โทรศัพท์ ไป ที่ บ้าน โตเกียว เพื่อ ขอ เงิน.

（実際のタイ語の文章では、単語の分かち書きはされていない）

◆◇ 単語 ◇◆

(1) อยู่ いる、ある
(2) ที่ 〜に、〜で：場所
(3) กรุงเทพฯ バンコク
(4) ผู้หญิง ญี่ปุ่น 日本女性
(5) ตอนนี้ いま
(6) เพราะว่า なぜならば
(7) นักศึกษา 大学生
(8) ต่างชาติ 外国の
(9) มหาวิทยาลัย 大学
(10) ธรรมศาสตร์ (大学名)
(11) อาศัย อยู่ 居住している、泊まっている（อาศัย「頼る」）
(12) หอพัก 学生寮
(13) ขยัน まじめに（後に動詞がくる）
(14) ทุก 毎〜
(15) ใน 〜の中に
(16) มี いる、ある
(17) หลาย 多くの〜
(18) ใจดี 優しい
(19) บางคน ある人は
(20) สอน~ให้ 教えてあげる
(21) ภาษาไทย タイ語
(22) พาไป 連れて行く
(23) เที่ยว 遊ぶ、旅行する
(24) บ่อยๆ [bɔ̀y bɔ̀y] いつも
(25) ปรกติ [pròkkatì] 普通は、通常は
(26) ชอบ 〜するのが好き
(27) ไป ซื้อ 買いに行く
(28) เสื้อ 衣服
(29) แถว 〜の辺り
(30) สยาม サイアム（固有名詞）
(31) แต่ しかし
(32) ไม่ค่อย あまり〜でない
(33) เงิน お金
(34) เพราะฉะนั้น だから
(35) คิด ว่า 〜と思う、考える
(36) คืนนี้ 今夜
(37) ต้อง 〜しなければならない
(38) โทรศัพท์ ไป 電話をかける
(39) บ้าน 家
(40) เพื่อ 〜するために
(41) ขอ 乞う、お願いする

| 文字編6 | タイ文講読2 |

CD 76

อาจารย์ ถาม เกี่ยวกับ บุญบั้งไฟ

อายูมิ สนใจ วัฒนธรรม และ ประเพณี โบราณ ของ เมืองไทย มาก. วันหนึ่ง อาจารย์ สุพรรณี ถาม อายูมิ เกี่ยวกับ ประเพณี บุญ-บั้งไฟ ใน ภาค อีสาน. แต่ อายูมิ ตอบ ไม่ ได้ สัก คำ.

เพราะว่า เขา ยัง ไม่ เคย อ่าน หนังสือ ที่ เขียน เกี่ยวกับ เรื่อง ประเพณี นั้น และ ยัง ไม่ เคย ดู ของ จริง.

เขา อยาก จะ รู้ ว่า เทศกาล บุญบั้งไฟ เป็น อย่างไร, มี เมื่อไร และ ดู ได้ ที่ไหน.

ตอนนั้น เพื่อน ที่ อยู่ ข้างๆ กับ อายูมิ บอก ว่า วัน อาทิตย์ แรก ของ เดือน หน้า อายูมิ มี เวลา ว่าง ไหม. ฉัน จะ พา คุณ ไป ชม ก็ แล้ว กัน. เพราะว่า ฉัน มา จาก จังหวัด ยโสธร และ รู้ เกี่ยวกับ เทศกาล นั้น ดี. ฟัง แล้ว, อายูมิ ก็ ดีใจ มาก.

出典：『เที่ยวเมืองไทย ภาคอีสาน』
(การท่องเที่ยวแห่งประเทศไทย、1980 年)

◆◇ 単語 ◇◆

(1) อาจารย์　先生（大学の）
(2) ถาม　尋ねる、質問する
(3) เกี่ยวกับ　～に関して
(4) บุญบั้งไฟ　ロケット祈願祭り
(5) สนใจ　関心を持つ
(6) วัฒนธรรม　文化
(7) ประเพณี　習慣、風俗
(8) โบราณ　古い、古代の
(9) วันหนึ่ง　ある日
(10) ถาม　尋ねる
(11) เกี่ยวกับ　～に関して
(12) ภาค　地域
(13) อีสาน　東北タイの総称
(14) ตอบ　答える
(15) สัก　ほんの、1～2の
(16) คำ　語、単語
(17) ยัง　まだ
(18) เคย　～したことがある
(19) อ่าน　読む
(20) เรื่อง　こと、事柄、話
(21) ของจริง　本物、実物
(22) เทศกาล　お祭り、祝祭日
(23) อย่างไร　どのように
(24) เมื่อไร　いつ
(25) ได้　～できる
(26) ที่ไหน　どこで
(27) ตอนนั้น　その時
(28) ข้างๆ กับ　すぐ側の
(29) บอก　言う、告げる
(30) วันอาทิตย์　日曜日
(31) แรก　最初の、初めての
(32) เดือน　月（年月日の）
(33) หน้า　次の（前の、顔、頁）
(34) เวลา　時間（time）
(35) ว่าง　暇な、空いた
(36) ไหม　～ですか？（動詞、形容詞文）
(37) ฉัน　あたし（女性）
(38) ชม　鑑賞する、見物する
(39) ก็แล้วกัน　～にしましょう
(40) จาก　～から
(41) จังหวัด　県
(42) ยโสธร　ヤソトーン（東北の県名）
(43) ฟัง　聞く
(44) ดีใจ　嬉しい

付録1　タイ語とはどんな言葉か？

■タイ王国について
- 人口＝約 6700 万人（2010 年）、面積＝51 万平方キロ（日本の 1.4 倍）
- 首都＝バンコク（タイ語では กรุงเทพฯ kruŋthêep）
- 宗教＝上座仏教（国民の 95％）、大乗仏教、イスラム教、ヒンドゥー教、その他
- 公用語＝タイ語
- 民族＝タイ族のほか中国、ラオス、ベトナム、カンボジア、インド系、その他

■言語系統
　タイ語は東南アジア大陸部や中国南部で広く使われている「タイ諸語」のひとつ。この「タイ諸語」間では、発音、単語、文法に共通性がある。「タイ諸語」はさらに地域によって次の3つに分類され、タイ語は「南西タイ諸語」にあたる（ベネディクト説では「タイ・カダイ語族」と呼んでいる）。

　　　北方タイ諸語　＝　中国広西省、貴州省
　　　中央タイ諸語　＝　中国・ベトナム国境地帯
　　　南西タイ諸語　＝　タイ語、ラオス語、ベトナム・ミャンマーの少数民族のタイ語

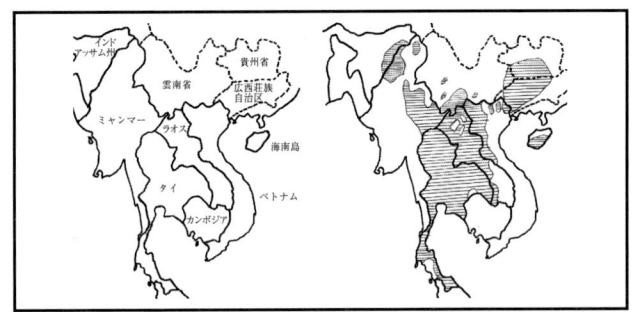

（右図の斜線部分が、タイ諸語が話されている地域）　　作成：宇戸

参考資料：『民族の世界史：東南アジアの民族と歴史』（大林太良編、山川出版社、1984）、
　　　　　『東南アジア大陸の言語』（大野徹編、大学書林、1987）

■方言
　「標準タイ語」は中部地方のタイ語で、そのほかに北部、東北部、南部方言がある。地方ではカンボジア系、ベトナム系、ラオス系などの民族がそれぞれの母国語を使っている。
　また、バンコクをはじめとする都市部には華人系のタイ人が多く、商業活動や家庭などでは出身地の中国語を使っている例も多く見られる。タイでは潮州方言が主流。

■文字
　南インドから東南アジアに伝えられ、古代クメールで使われた文字を改良したのが現在のタイ文字。ミャンマー、カンボジア、ラオスも同じ系統の文字を使っている。

■タイ語の基本的な特徴

●発音上の大きな特徴
　　タイ語は発音の特徴から分類すれば、単音節型声調言語ということになり、その主な特徴は次の通り。
(1)「単音節語」である（サンスクリット・パーリ語からの借用語には複音節語も多数ある）。
(2) 音節は「頭子音」、「韻」（母音または母音+末子音）、「声調」から構成される。
(3) 頭子音には「無気音」と「有気音」の対立がある。
(4) 二重子音の［ r ］と［ l ］の発音が脱落することが多い。
(5)「韻」の中心である母音には「長母音9」、「二重母音3」、「短母音9」がある。
(6) 末子音（韻尾）がある場合、その種類によって「平音節」か「促音節」になる。
(7) 5つの声調がある。

● 文法上の大きな特徴
　(1) タイ語の品詞は以下の通り。
　　　名詞類＝名詞、代名詞（人称代名詞、再帰代名詞、相互代名詞、指示代名詞、疑問・不定代名詞）、類別詞、指示詞、数詞
　　　動詞類＝動詞、形容詞（タイ語では動詞的性質を持つ）、助動詞、方向動詞
　　　その他の品詞＝副詞類、前置詞、接続詞、助詞、独立詞（応答詞、間投詞、擬声語・擬態語、語気詞、助辞）
　(2) 名詞が性、数、格によって変化しない。
　(3) 動詞がテンスや人称によって語形変化しない。日本語のように語と語の接続の際に語形変化することもない。
　(4) タイ語の基本的な語順は、SVO「主語+動詞+目的語」型である。目的語が２つある場合は、「主語+動詞+直接目的語+間接目的語」の順になる。等式分では「主語+繋動詞（〜である）+補語」となる。
　(5) 名詞や動詞の修飾関係は「修飾される語」＋「修飾する語」となる。
　(6) 従ってタイ語では単語や句の「語順」によって文の意味が決まる。
　(7) タイ語では談話状況によって、主語や目的語が省略されることが多い。

● タイ語の音節
　(1) タイ語の音節は「子音字」「母音字」「声調符号」「その他の符号」からなる。子音字は原則として一音一字。
　(2) タイ語では「子音字」が読みの中心となり、それに「母音字」や「声調符号」などを上下左右に付ける。これらを一定の規則に従って読み合わせてはじめて音として読める構造。

● 音節構造
　タイ語音節の基本構造は次のようになっている。これでようやく意味のある語になる。「単音節語」と呼んでいる。

　　　　　　頭子音 ＋ 母音 ＋ 末子音 ／声調

　頭子音には二重子音もあり、母音には短母音、長母音、二重母音がある。Ｃ＝子音、ＣＣ＝二重子音、Ｖ＝短母音、ＶＶ＝長母音、二重母音、Ｔ＝声調とすると、タイ語音節は以下のパターンで表せる。

　　　（例）
　　　① ＣＶ／Ｔ　　　　rá「接触する」　　　sù「良い」
　　　② ＣＣＶ／Ｔ　　　prì「発芽する」　　　phrá「お坊さん」
　　　③ ＣＶＶ／Ｔ　　　maa「来る」　　　　hŭa「頭」
　　　④ ＣＣＶＶ／Ｔ　　plaa「魚」　　　　　khrua「家族」
　　　⑤ ＣＶＣ／Ｔ　　　rák「愛する」　　　　phóp「会う」
　　　⑥ ＣＣＶＣ／Ｔ　　troŋ「まっすぐ」　　　kwàt「揺する」
　　　⑦ ＣＶＶＣ／Ｔ　　bâan「家」　　　　　rian「学ぶ」
　　　⑧ ＣＣＶＶＣ／Ｔ　khwaay「水牛」　　　phlìan「変わる」

● 声調
　タイ語には「平声、低声、下声、高声、上声」の５声調がある。これらは「第１声調、第２声調、第３声調、第４声調、第５声調」と呼ばれることもある。
　声調とは英語のアクセントのように特定の母音だけを強調して発音するのではなく、音節の最初から最後まで全体にかかる相対的な音の上げ下げのことで、これを間違うと語の意味がまったく異なる。

付録2　類別詞の種類とその使い方

■類別詞とは何か？

　類別詞とは日本語の助数詞「個」「枚」「匹」などに当たる。数えることのできる普通名詞にはすべて類別詞がある。しかし、必ずしも形状で決まっているわけではない点が、日本語の序数詞とは異なる。

　日常よく使われる類別詞には 70 種類ほどがある。類別詞がない名詞は、その名詞自体を類別詞として使う。

- ●形状が同じでも類別詞は異なるケース
  - แตงโม 2 <u>ลูก</u>　[tɛɛŋmoo sɔ̌ɔŋ lûuk]　スイカ 2 個
  - กระเป๋า 3 <u>ใบ</u>　[krapǎw sǎam bay]　カバン 3 個
  - ที่เขี่ยบุหรี่ 4 <u>อัน</u>　[thîikhìaburìi sìi an]　灰皿 4 個
- ●形状は違っても類別詞は同じケース
  - กางเกง 2 <u>ตัว</u>　[kaaŋkeeŋ sɔ̌ɔŋ tua]　ズボン 2 着
  - เก้าอี้ 3 <u>ตัว</u>　[kâwʔîi sǎam tua]　椅子 3 脚
  - แมว 4 <u>ตัว</u>　[mɛɛw sìi tua]　猫 4 匹
- ●名詞がそのまま類別詞として使われるケース。（　）は日本語の助数詞
  - <u>ห้อง</u>เรียน 2 <u>ห้อง</u>　[hɔ̂ŋrian sɔ̌ɔŋ hɔ̂ŋ]　教室 2 室（部屋）
  - <u>คน</u>ไทย 3 <u>คน</u>　[khon thay sǎam khon]　タイ人 3 人
  - <u>โรง</u>หนัง 4 <u>โรง</u>　[rooŋnǎŋ sìi rooŋ]　映画館 4 館（軒）

■類別詞の使い方

- ●基本は「名詞＋数＋類別詞」の形で使います（上記の例がすべてそうです）。
  - ผม ทาน <u>แตงโม 2 ลูก</u>　[phǒm thaan tɛɛŋmoo sɔ̌ɔŋ lûuk]　僕はスイカを 2 個食べた
  - เขา ซื้อ <u>กระเป๋า 3 ใบ</u>　[kháw súɯ krapǎw sǎam bay]　彼はカバンを 3 個買った

- ●「この本」「あの家」などは、正確には「名詞＋類別詞＋指示詞（この、あの）」です。
  - หนังสือ เล่ม นี้　[náŋsɯ̌ɯ lêm níi]　この（冊の）本
  - รถ คัน นั้น　[rót khan nán]　あの（台の）車

- ●上の例に「この大きな本」のように形容詞が加わると「名詞＋形容詞＋類別詞＋指示詞」です。
  - หนังสือ ใหญ่ เล่ม นี้　[náŋsɯ̌ɯ yày lêm níi]　この大きな（冊の）本
  - รถ ใหม่ คัน นั้น　[rót mày khan nán]　あの新しい（台の）車
- ●「大瓶のビール 2 本」の表現は「名詞＋形容詞＋数＋類別詞」になります。
  - เบียร์ ใหญ่ 2 ขวด　[bia yày sɔ̌ɔŋ khùat]　大ビール 2 本

■主な類別詞（太字は特に重要な類別詞）

กระป๋อง	[krapɔ̌ŋ]	「缶」（缶詰、缶コーヒーなど。空き缶は ใบ [bay]）
กล่อง	[klɔ̀ŋ]	「個」（クリップ入れなどの小さな容器全般）
กล้อง	[klɔ̂ŋ]	「個」（カメラ、パイプなど筒状のもの）
ก้อน	[kɔ̂ɔn]	「個」（石、石鹸、砂糖など塊状のもの）
แก้ว	[kɛ̂ɛw]	「個」（コップ）
ขวด	[khùat]	「瓶」（ジュース、ビールなどの瓶）
ข้อ	[khɔ̂ɔ]	「項目」（条項、列挙されたテーマなど）
ครั้ง	[khráŋ]	「回、度」（回数）
คณะ	[khaná]	「部、会」（学部、委員会、内閣など）
คน	[khon]	「人（にん）」（人（ひと））
คัน	[khan]	「台、個」（車、フォーク、傘など柄を持つもの）
คำ	[kham]	「語」（単語）
คู่	[khûu]	「対」（靴下、箸、恋人など対になったもの）
เครื่อง	[khrɯ̂aŋ]	「台、機」（機械、飛行機など）
ฉบับ	[chabàp]	「部、枚」（新聞、雑誌、手紙など）
ชิ้น	[chín]	「切、枚」（切った布、肉など片状のもの）
ชุด	[chút]	「セット」（セットになったもの）
ซอง	[sɔɔŋ]	「包」（封筒、タバコ箱など）
ดวง	[duaŋ]	「個」（太陽、天体、目、スタンプ、ほくろ、心、魂など）
ตัว	[tua]	「匹、羽、枚、個、脚」（動物、机、椅子、シャツ、文字など）
ถ้วย	[thûay]	「杯」（水、ビールなどが入ったグラス）
บท	[bòt]	「章、課」（章、課、レッスン）
แบบ	[bɛ̀ɛp]	「型」（形式、スタイル、タイプ、パターン）
ใบ	[bay]	「枚、個、冊」（葉、ノート、葉書、果物、卵、バッグ、証明書、容器など）
ผืน	[phɯ̌ɯn]	「枚」（ハンカチ、タオル、シーツなど）
แผ่น	[phɛ̀n]	「枚」（紙、板、タイル、ガラス板など）
มื้อ	[mɯ́ɯ]	「食」（朝食、昼食、夕食）
เม็ด	[mét]	「粒」（米、種、錠剤、宝石、ボタンなど）
รูป	[rûup]	「枚、体」（絵、写真、仏像、僧侶など）
เรื่อง	[rɯ̂aŋ]	「話」（話題、小説・映画のストーリーなど）
โรง	[rooŋ]	「軒」（学校、病院、警察署などの建物）
ลูก	[lûuk]	「個」（果物、ボール、銃弾など）
เล่ม	[lêm]	「冊、個」（本、ナイフ、針など）
เส้น	[sên]	「本」（紙、糸、タイヤなど）
องค์	[oŋ]	「様」（王族、精霊、仏像など）
อย่าง	[yàaŋ]	「種」（物品やスポーツ、料理などの種類）
อัน	[an]	「個」（菓子、消しゴムなど不特定の形のもの。他の類別詞の代用）

【ドリルに出てきた単語】

下記にあげた単語は、あくまでもドリルの解答に必要とされる語のみです。本文中には、これ以外の単語が約1700語収録されています。また、スペースの関係で、個々の単語の意味は最小限度しか記してありません。

●● タイ語－日本語 ●●

a

adìit	過去	**อดีต**
aŋkrìt	イギリス（の）	**อังกฤษ**
aacaan	先生（大学の）	**อาจารย์**
aachîip	職業	**อาชีพ**
aahǎan	料理	**อาหาร**
aahǎan thay	タイ料理	**อาหารไทย**
aahǎan yîipùn	日本料理	**อาหารญี่ปุ่น**
àan	読む	**อ่าน**
aasǎy yùu	住む	**อาศัยอยู่**
àat cà	～かもしれない	**อาจจะ**
aray	何	**อะไร**
athíbaay	説明する	**อธิบาย**
aw	要る、取る	**เอา**
aw tɛ̀ɛ	～するだけ	**เอาแต่**
awakàat	宇宙	**อวกาศ**

b

bamìi	タイラーメン	**บะหมี่**
bâa	バカな	**บ้า**
bâan	家	**บ้าน**
bàat	バーツ	**บาท**
bɛ̀ɛp	タイプ、型	**แบบ**
bəə	番号	**เบอร์**
bəə thoorasàp	電話番号	**เบอร์โทรศัพท์**
bia	ビール	**เบียร์**
burìi	タバコ	**บุหรี่**
bɔ̀ɔk	告げる、言う	**บอก**
bɔɔrísàt	会社	**บริษัท**

c

cà	［未来、意志］	**จะ**
cam	覚える	**จำ**
cay	心	**ใจ**
cay dam	意地悪な	**ใจดำ**
cay dii	やさしい	**ใจดี**
carəən	発展する	**เจริญ**
càak	～から（場所）	**จาก**
càay	支払う	**จ่าย**
céŋ	倒産する	**เจ๊ง**
ciŋ	本当の	**จริง**
cìttrakɔɔn	画家	**จิตรกร**
ciin	中国（の）	**จีน**
cìip	口説く	**จีบ**
con	貧しい；～まで	**จน**
cɔ̀ɔt	止まる、止める	**จอด**
cɯŋ	それで	**จึง**

ch

chalàat	賢い	**ฉลาด**
chán	わたし、ぼく	**ฉัน**
chaná	勝つ	**ชนะ**
chaphɔ́	～だけ	**เฉพาะ**
cháy	使う	**ใช้**
cháa	遅い	**ช้า**
cháa cháa	ゆっくりと	**ช้าๆ**
cháaŋ	象	**ช้าง**
châat	民族、国	**ชาติ**
chók	拳で打つ	**ชก**

chók muay	拳闘をする	ชกมวย
chôok	運	โชค
chôok dii	幸運	โชคดี
chɔ́ɔn	スプーン	ช้อน
chɔ̂ɔp	好む	ชอบ
chûamoŋ	～時間	ชั่วโมง
chɯ̂ɯ	名前：～といいます	ชื่อ

d

dam	黒い；潜る	ดำ
dây, dâay	［可能］；［過去］	ได้
	得る	
dâyráp	受け取る	ได้รับ
dâyyin	聞こえる	ได้ยิน
dàa	ののしる	ด่า
dèk	子供	เด็ก
dèk dèk	子供たち	เด็กๆ
dəən	歩く	เดิน
diaw	1だけの、単独の	เดียว
dǐawníi	今、今すぐ	เดี๋ยวนี้
dichán	私（女）	ดิฉัน
dìp	生の	ดิบ
dii	よい	ดี
dii cay	うれしい	ดีใจ
dii kwàa	～の方がよい	ดีกว่า
dii máy	～ではどう？	ดีไหม
dɛɛŋ	赤い	แดง
dooy	～によって	โดย
dooy chaphɔ́	～特に	โดยเฉพาะ
dooy thûa pay	一般に	โดยทั่วไป
dɔ̀ɔk	花	ดอก
dɔ̀ɔk kulàap	バラの花	ดอกกุหลาบ
dûay	～も；～して下さい	ด้วย
duu	見る	ดู
duu thùuk	軽蔑する	ดูถูก
dɯan	月、ヶ月	เดือน
dɯ̀atrɔ́ɔn	難儀な	เดือดร้อน
dɯ̀ɯm	飲む	ดื่ม
dɯ̀ɯm bia	ビールを飲む	ดื่มเบียร์
dɯ̀ɯm lâw	お酒を飲む	ดื่มเหล้า

ɛ

ɛ̀ppân	リンゴ	แอปเปิ้ล

f

fɛɛn	恋人	แฟน
fǒn	雨	ฝน
fútbɔɔn	サッカー	ฟุตบอล

ŋ

ŋǎw	寂しい	เหงา
ŋaan	仕事、祝典	งาน
ŋaan adìrèek	趣味	งานอดิเรก
ŋaan sǒmrót	結婚式	งานสมรส
ŋən	お金	เงิน

h

hây	あげる；［使役］	ให้
hǎa	探す、訪ねる	หา
hǎa rɯ̂aŋ	ケチをつける	หาเรื่อง
hǎay	治る；消える	หาย
hěn	見える、思う	เห็น
hǐw	飢える	หิว
hǐw khâaw	お腹が空く	หิวข้าว
hɔ̂ŋ	部屋	ห้อง
hɔ̂ŋ wícay	研究室	ห้องวิจัย
hǔa	頭	หัว
hǔanâa	長	หัวหน้า
hǔanâa phanɛ̀ɛk	課長	หัวหน้าแผนก

i

irák	イラク	อิรัก

k

kankray	ハサミ	กรรไกร
kàp	～と	กับ
kàw	古い	เก่า
kày	ニワトリ	ไก่

kaafɛɛ	コーヒー	กาแฟ
kaan	仕事；[名詞化]	การ
kaan mɯaŋ	政治	การเมือง
kaan phàa tàt	手術	การผ่าตัด
kaan prachum	会議	การประชุม
kaatuun	漫画	การ์ตูน
kèŋ	上手な	เก่ง
kèp	しまう、蓄える	เก็บ
kə̀ət	生まれる	เกิด
kɛ̂ɛ	解く、直す	แก้
kɛɛŋ	カレー	แกง
kɛɛŋ kày	鶏肉カレー	แกงไก่
kɛ̂ɛw	グラス、コップ	แก้ว
kìawkhɔ̂ŋ	関係する	เกี่ยวข้อง
kin	食べる（俗）	กิน
kin yaa	薬を飲む	กินยา
kin lâw	お酒を飲む	กินเหล้า
kiilaa	スポーツ	กีฬา
klàp	帰る、戻る	กลับ
klây	近い	ใกล้
klìat	嫌う	เกลียด
klua	恐れる	กลัว
klûm cay	悩む	กลุ้มใจ
klɯa	塩	เกลือ
koohòk	嘘をつく	โกหก
kɔ̂, kɔ̂ɔ	～も、それなら～	ก็
kɔ̂ɔ chāŋ	～も構わない	ก็ช่าง
kɔ̀ɔn	～の前に、とりあえず	ก่อน
kɔ́ɔp	ゴルフ	กอล์ฟ
kraphǎw	カバン	กระเป๋า
kuncɛɛ	カギ	กุญแจ
kwàa	～より	กว่า

kh

khâ	[女性の丁寧]	ค่ะ
khá	[同上：疑問]	คะ
khanǒm	お菓子	ขนม
kháw	彼、彼女	เขา
khâw	入る	เข้า
khâwcay	理解する	เข้าใจ
khâw sɔ̀ɔp	受験する	เข้าสอบ
khây	熱	ไข้
khayǎn	真面目な	ขยัน
khâa	値段、価格	ค่า
khâa aahǎan	食事代	ค่าอาหาร
khâa thoorasàp	電話代	ค่าโทรศัพท์
khâa	殺す	ฆ่า
khâaw	米、ごはん	ข้าว
khǎay	売る	ขาย
khɛ̂ɛ	～だけ、のみ	แค่
khəəy	～したことがある	เคย
khǐan	書く	เขียน
khít	考える	คิด
khít duu	考えてみる	คิดดู
khon	人	คน
khon con	貧乏な人	คนจน
khon nán	その人	คนนั้น
khon nǎy	どの人	คนไหน
khon níi	この人	คนนี้
khon thay	タイ人	คนไทย
khon ɯ̀ɯn	他人	คนอื่น
khon yîipùn	日本人	คนญี่ปุ่น
khoŋ (cà)	たぶん～	คง(จะ)
khóp	付き合う	คบ
khɔ̌ɔ	（～させて）下さい	ขอ
khɔ̌ɔ hây	～を祈ります	ขอให้
khɔ̌ɔ thôot	すみません	ขอโทษ
khɔ̌ɔŋ	～の；もの	ของ
khɔ̌ɔŋkhwǎn	プレゼント	ของขวัญ
khráp	[男性の丁寧]	ครับ
khray	だれ	ใคร
khrîat	緊張した	เครียด
khrɔ̂ɔp khrua	家族	ครอบครัว
khrûŋthêep	バンコク	กรุงเทพฯ
khruu	先生、教師	ครู
khrɯ̂ŋ	半分の	ครึ่ง
khrɯ̂ŋ wan	半日	ครึ่งวัน
khrɯ̂aŋ	道具、食材料	เครื่อง

khrŵaŋbin	飛行機	เครื่องบิน
khrŵaŋ dɯ̀ɯm	飲み物	เครื่องดื่ม
khùat	ビン；[類別]	ขวด
khuan	～すべきである	ควร
khun	あなた；～さん	คุณ
khun mɛ̂ɛ	お母さん	คุณแม่
khun phɔ̂ɔ	お父さん	คุณพ่อ
khun yaay	おばあさん（母方）	คุณยาย
khuy	しゃべる	คุย
khɯ̂n	上がる、[副動]	ขึ้น
khɯ̂n khrŵaŋbin	飛行機に乗る	ขึ้นเครื่องบิน
khɯɯ	～です	คือ
khwaam	こと、内容、[名詞化]	ความ
khwaam ciŋ	真実	ความจริง
khwaam hěn	意見	ความเห็น
khwaam sùk	幸福	ความสุข

l

lǎŋ	～の後	หลัง
lák tua	誘拐する	ลักตัว
lâw	お酒	เหล้า
lǎan	孫	หลาน
láaŋ	洗う	ล้าง
láaŋ nâa	顔を洗う	ล้างหน้า
lên	遊ぶ	เล่น
lên kɔ́ɔp	ゴルフをする	เล่นกอล์ฟ
lə̂ək	中止する	เลิก
lə̂ək sûup burìi	喫煙をやめる	เลิกสูบบุหรี่
ləəy	それで；まったく	เลย
lɛ́	～と、そして	และ
lɛ́ɛw	～した：ところで	แล้ว
lɛ́ɛw kɔ̂ɔ	それから	แล้วก็
lɛ́ɛw rɯ̌ɯ yaŋ	もう～しましたか	แล้วหรือยัง
líaŋ	養う、おごる	เลี้ยง
loŋ	下りる、[副動]	ลง
lóp	消す	ลบ
lôok	地球、世界	โลก
lɔɔŋ	試す	ลอง
lûuk	子供；[類別]	ลูก
lûuk chaay	息子	ลูกชาย
lûuk sǎaw	娘	ลูกสาว
lɯɯm	忘れる	ลืม

m

mahǎawíthayaalay	大学	มหาวิทยาลัย
mamûaŋ	マンゴー	มะม่วง
mareŋ	ガン	มะเร็ง
mây	～しない、～でない［否定］	ไม่
mây dây	～できない；～していない	ไม่ได้
mây khɔ̂y	あまり～でない	ไม่ค่อย
mây khuan	すべきでない	ไม่ควร
mây sabaay	病気の	ไม่สบาย
mây tɔ̂ŋ	～する必要がない	ไม่ต้อง
mày	また；新しい	ใหม่
maa	来る	มา
maa sǎay	遅刻する	มาสาย
máa	馬	ม้า
mǎa	犬	หมา
mâak	とても、たくさん	มาก
mǎay khwaam wâa	～という意味です	หมายความว่า
mɛ̂ɛ	母	แม่
mɛ̂ɛnáam	川	แม่น้ำ
mɛɛw	ネコ	แมว
mia	妻、女房	เมีย
míchanán	でないと	มิฉะนั้น
mii	ある、いる（存在、所有）	มี
muay	ボクシング	มวย
mɯɯ	手	มือ
mɯ́ɯ	食事の回数［類別］	มื้อ
mɯ̀ɯn	(1) 万	หมื่น
mɯaŋ	国	เมือง
mɯaŋ thay	タイ国	เมืองไทย
mɯ̂akîiníi	さっき	เมื่อกี้นี้
mɯ̂awaanníi	昨日	เมื่อวานนี้
mòt	全部；尽きる	หมด
mɔ̀	適した	เหมาะ
mɔ̌ɔ	医者	หมอ

mɔ̂ɔp	授与する、託す	มอบ

n

ná	～よ、ね	นะ
nàk	重い	หนัก
nák	～者、～家	นัก
nák bin awakàat	宇宙飛行士	นักบินอวกาศ
nák dontrii	音楽家	นักดนตรี
nák kaan mɯaŋ	政治家	นักการเมือง
nák khǐan	作家	นักเขียน
nák rian	生徒	นักเรียน
nák thɔ̂ŋthîaw	ツーリスト	นักท่องเที่ยว
nám, náam	水	น้ำ
námnàk	重さ、体重	น้ำหนัก
námman	油	น้ำมัน
námtaan	砂糖	น้ำตาล
námtòk	滝	น้ำตก
nán	その	นั้น
nǎŋ	映画	หนัง
nǎŋsɯ̌ɯ	本	หนังสือ
nawáníyaay	小説	นวนิยาย
nay	～の中（に）	ใน
nâa	～の前、次；顔；～すべき	หน้า
nâataa	窓顔、容貌	หน้าตา
nâa cà	～すべき	น่าจะ
nâatàaŋ	窓	หน้าต่าง
naathii	分	นาที
nɛ́nam	紹介する	แนะนำ
nɛ̂ɛ	必ず、きっと	แน่
nísǎy	性格	นิสัย
níi	この	นี้
nítnɔ̀y	少し	นิดหน่อย
nɔɔn	寝る	นอน
nɔ́ɔŋ	［年下の兄弟］	น้อง
nɔ́ɔŋ chay	弟	น้องชาย
nûat	マッサージする	นวด
nùm	若い（男）	หนุ่ม
nɯ́a	肉	เนื้อ
nɯ̀ay	疲れる	เหนื่อย
nɯ́k	思う	นึก

ŋ

ŋay	どう？	ไง
ŋaan	仕事	งาน

o

òk hàk	胸がふさがる	อกหัก
òt thon	我慢する	อดทน

ɔ

ɔ̀ɔk	出る、出す、［副動］	ออก
ɔ̀ɔk pay	出て行く	ออกไป
ɔ̀ɔk sǐaŋ	発声する	ออกเสียง

p

panyaa	智恵	ปัญญา
pay	行く	ไป
pay duu	見に行く	ไปดู
pay thîaw	遊びに行く	ไปเที่ยว
pay hǎa mɔ̌ɔ	医者に行く	ไปหาหมอ
pen	～です、～になる 生きている	เป็น
pen bâa	気が狂う	เป็นบ้า
pen mareŋ	ガンにかかる	เป็นมะเร็ง
pen wàt	風邪を引く	เป็นหวัด
pə̀ət	開ける、開く	เปิด
pii	年	ปี
piiníi	今年	ปีนี้
pii thîi lɛ́ɛw	去年	ปีที่แล้ว
plaa	魚	ปลา
plaa dìp	さしみ	ปลาดิบ
prachum	会議、会議をする	ประชุม
pratháp cay	感動する	ประทับใจ
prathêet	国	ประเทศ
prayòok	文	ประโยค
praysanii	郵便局	ไปรษณีย์

ph

phanrayaa	妻	ภรรยา
phák phɔ̀n	休憩する	พักผ่อน
pháttaakhaan	レストラン	ภัตตาคาร
phátthayaa	パタヤ	พัทยา
phaasǎa	ことば	ภาษา
phaasǎa aŋkrìt	英語	ภาษาอังกฤษ
phaasǎa ciin	中国語	ภาษาจีน
phaasǎa laaw	ラオス語	ภาษาลาว
phaasǎa thay	タイ語	ภาษาไทย
phaasǎa yîipùn	日本語	ภาษาญี่ปุ่น
phét	ダイヤモンド	เพชร
phèt	からい	เผ็ด
phɛɛŋ	高い（値段が）	แพง
phiaŋ	ただ〜だけ	เพียง
phiaŋ tɛ̀ɛ	わずかに〜だけ	เพียงแต่
phîi chaay	兄	พี่ชาย
phìt	間違った	ผิด
phǐi	幽霊	ผี
phleeŋ	歌	เพลง
phleeŋ châat	国歌	เพลงชาติ
phǒm	私、ぼく（男）	ผม
phǒnlamáay	果物	ผลไม้
phóp	会う	พบ
phɔ̂ɔ	父	พ่อ
phɔ̌ɔm	やせた	ผอม
phrá	仏像、お坊さん	พระ
phrɔ́chanán	したがって	เพราะฉะนั้น
phrûŋníi	明日	พรุ่งนี้
phûak kháw	彼ら	พวกเขา
phûu	〜者、〜人	ผู้
phûu chaay	男性	ผู้ชาย
phûu thîi kìawkhɔ̂ŋ	関係者	ผู้ที่เกี่ยวข้อง
phûu yày	おとな	ผู้ใหญ่
phûu yǐŋ	女性	ผู้หญิง
phûut	話す	พูด
phûut lên	冗談を言う	พูดเล่น
phɯ̂an	友達	เพื่อน
phɯ̂an sanìt	親友	เพื่อนสนิท

r

ráp	受ける	รับ
raw	私たち	เรา
ráan	お店	ร้าน
ráan kaafɛɛ	喫茶店	ร้านกาแฟ
raayŋaan	報告書、レポート	รายงาน
raaykaan	番組、リスト	รายการ
raaykaan thii wii	テレビ番組	รายการทีวี
rew	速い	เร็ว
rə̂əm	始める	เริ่ม
rian	学ぶ	เรียน
rian nǎŋsɯ̌ɯ	勉強する	เรียนหนังสือ
rîak	呼ぶ	เรียก
rót	車、自動車	รถ
rótfay	電車	รถไฟ
rót	味	รส
rooŋ	[大きな公共建物]	โรง
rooŋrɛɛm	ホテル	โรงแรม
rooŋrian	学校	โรงเรียน
rɔ́ɔn	暑い、熱い	ร้อน
rɔ́ɔŋ	歌う、叫ぶ	ร้อง
rɔ́ɔŋ phleeŋ	歌をうたう	ร้องเพลง
rɔ́ɔŋhây	泣く	ร้องให้
rɔɔŋtháaw	靴	รองเท้า
rúu	知っている	รู้
rûup	画像、写真	รูป
rûup thàay	写真	รูปถ่าย
rɯ̂aŋ	事、問題、話	เรื่อง
rɯ̂aŋ sân	短編小説	เรื่องสั้น
rɯ̌ɯ	〜ですか；それとも	หรือ
rɯ̌ɯ plàaw	〜ですか	หรือเปล่า

s

sabaay	快い	สบาย
sabaay dii	元気な	สบายดี
samə̌ə	いつも	เสมอ
sǎmkhan	重要な	สำคัญ
sǎmràp	〜にとっては	สำหรับ
sǎntiphâap	戦争	สันติภาพ

sanùk	楽しい	สนุก
sǎnyaa	約束する	สัญญา
sàt	動物	สัตว์
sathǎanii	駅	สถานี
sàttruu	敵	ศัตรู
sǎamii	夫	สามี
sâaŋ	建設する	สร้าง
sǎaw	若い（女）	สาว
sèt	終わる	เสร็จ
sěeriiphâap	自由	เสรีภาพ
sèetthasàat	経済学	เศรษฐศาสตร์
sèetthǐi	お金持ち	เศรษฐี
sí, sì	～しなさい	ซิ, สิ
sǐa	失う；[副動]	เสีย
sǐacay	残念な	เสียใจ
sǐadaay	惜しい	เสียดาย
sǐa salà	捧げる	เสียสละ
sǐaŋ	声、音	เสียง
sômtam	パパイアサラダ	ส้มตำ
sǒncay	関心がある	สนใจ
sòŋ	送る、手渡す	ส่ง
sǒŋkhraam	戦争	สงคราม
sǒŋsǎy	疑う	สงสัย
sòkkapròk	汚い	สกปรก
sɔ̌ɔn	教える	สอน
sɔ̀ɔp	試験する	สอบ
sɔ̀ɔp dây	試験に受かる	สอบได้
sɔ̀ɔp tòk	試験に落ちる	สอบตก
sǔan	庭	สวน
sǔan sǎathǎaraná	公園	สวนสาธารณะ
sǔay	美しい	สวย
sùk	幸せな	สุข
sùk	熟した	สุก
sùtthάay	最後の	สุดท้าย
sǔuŋ	高い	สูง
sùup	吸う	สูบ
sùup burìi	タバコをすう	สูบบุหรี่
sɯ́ɯ	買う	ซื้อ

t

talàat	市場	ตลาด
tamnì	非難する	ตำหนิ
tamrùat	警察、警察官	ตำรวจ
tâŋ	～も（ある、する）	ตั้ง
tâŋtὲɛ	～から（時間）	ตั้งแต่
taay	死ぬ	ตาย
tὲŋŋaan	結婚する	แต่งงาน
tὲɛ	しかし；～だけ	แต่
tìt	くっつく	ติด
tìt tɔ̀ɔ	連絡する	ติดต่อ
tó	机	โต๊ะ
tòk	落ちる、降る	ตก
tòk ŋaan	失業する	ตกงาน
tôm	煮る	ต้ม
tônmáay	木	ต้นไม้
tɔ̂ŋ	～ねばならない ～にちがいない	ต้อง
tɔɔníi	今は	ตอนนี้
tɯŋ	緊張した	ตึง
tɯŋ khrîat	緊張した	ตึงเครียด

th

thahǎan	軍隊、兵士	ทหาร
tham	する、作る	ทำ
tham aahǎan	料理を作る	ทำอาหาร
thamŋaan	働く	ทำงาน
tham phìt	間違いを犯す	ทำผิด
thammay	なぜ	ทำไม
than	間に合う	ทัน
thanaaykhwaam	弁護士	ทนายความ
tháŋmòt	全部（で）	ทั้งหมด
tháŋ tháŋ thîi	～にも関わらず	ทั้งๆ ที่
thâwnán	～のみ	เท่านั้น
thay	タイ（の）	ไทย
thâa	もし～なら	ถ้า
thaan	食べる	ทาน
thaan khâaw	ごはんを食べる	ทานข้าว
thaaŋnóon	あちら	ทางโน้น

thaaŋ	～で（方法）；道	ทาง
tháaw	足	เท้า
thàay	撮る	ถ่าย
thàay rûup	写真を撮る	ถ่ายรูป
thəə	君；彼女	เธอ
thɛ́ksîi	タクシー	แท็กซี่
thɛ̌wníi	この辺り	แถวนี้
thîaŋ	正午	เที่ยง
thîaw	漫遊する；回、度	เที่ยว
thíŋ	捨てる	ทิ้ง
thîi	～に、［関係代名］	ที่
thîinân	そこ	ที่นั่น
thîinîi	ここ	ที่นี่
thîisùt	最も	ที่สุด
thii wii	テレビ	ทีวี
thoo	電話する（略語）	โทร
thoo maa	電話がくる	โทรมา
thoo pay	電話をかける	โทรไป
thoorathát	テレビ	โทรทัศน์
thôot	罪；責める	โทษ
thɔ̂ŋthîaw	旅行する	ท่องเที่ยว
thúk	各～、毎～	ทุก
thúk khon	みんな	ทุกคน
thúk wan	毎日	ทุกวัน
thúk yàaŋ	どれも	ทุกอย่าง
thúrá	用事	ธุระ
thúrian	ドリアン	ทุเรียน
thùuk	安い；当たる；［受身］	ถูก
thùuk tɔ̂ŋ	正しい	ถูกต้อง
thʉ̌ŋ	～まで	ถึง

u

ùat	自慢する	อวด
ûan	太った	อ้วน
uayphɔɔn	祝福する	อวยพร

ɯ

ɯ̀ɯn	ほかの	อื่น

w

wan	日	วัน
wan aray	何曜日	วันอะไร
wan sǎw	土曜日	วันเสาร์
wan thîi	～日	วันที่
wan thîi thâwray	何日	วันที่เท่าไร
wǎŋ	期待する	หวัง
wát	お寺	วัด
wáy	置く、［副動］	ไว้
wâay	合掌する、拝む	ไหว้
wâa	～と［接続］	ว่า
wâaŋ	空いた、暇な	ว่าง
wâat	描く、画く	วาด
wâay náam	泳ぐ	ว่ายน้ำ
wén tɛ̀ɛ	～を除き	เว้นแต่
weelaa	時間；～の時	เวลา
wɛ́	立ち寄る	แวะ
wɛ̌ɛn	指輪	แหวน
wîatnaam	ベトナム	เวียดนาม

y

yày	大きい	ใหญ่
yaa	薬	ยา
yàa	離婚する	หย่า
yàa	～するな	อย่า
yâak	難しい	ยาก
yàaŋ	～のような	อย่าง
yàaŋnán	そのように	อย่างนั้น
yàaŋnǎy	どのような	อย่างไหน
yaay	祖母（母方）	ยาย
yaŋ	まだ	ยัง
yə́	たくさん	เยอะ
yəyɛ́	たくさん	เยอะแยะ
yîŋ	極めて、いっそう	ยิ่ง
yîŋ～yîŋ	～するほど～だ	ยิ่ง...ยิ่ง
yîipùn	日本（の）	ญี่ปุ่น
yùt	休む	หยุด
yùu	いる、ある（所在）	อยู่

●● 日本語ータイ語 ●●

あ行

愛する	rák	รัก
空いた	wâaŋ	ว่าง
会う	phóp, cəə	พบ, เจอ
青い	námŋən	น้ำเงิน
赤い	dɛɛŋ	แดง
明るい	sawàaŋ	สว่าง
開ける	pə̀ət	เปิด
あげる	hây	ให้
足	tháaw	เท้า
味	rót	รส
味をつける	pruŋ rót	ปรุงรส
アジア	eechia	เอเชีย
明日	phrûŋníi	พรุ่งนี้
遊ぶ	thîaw, lên	เที่ยว, เล่น
遊びに行く	pay thîaw	ไปเที่ยว
新しい	mày	ใหม่
暑い、熱い	rɔ́ɔn	ร้อน
あと～、もっと	ìik	อีก
後の	lǎŋ	หลัง
あなた	khun	คุณ
兄	phîi chaay	พี่ชาย
姉	phîi sǎaw	พี่สาว
あの	nán	นั้น
あの人	khon nán	คนนั้น
危ない	antaraay	อันตราย
甘い	wǎan	หวาน
あまり～でない	mây khɔ̂y	ไม่ค่อย
雨	fǒn	ฝน
雨が降る	fǒn tòk	ฝนตก
アメリカ	ameeríkaa	อเมริกา
謝る	khɔ̌ɔ thôot	ขอโทษ
洗う	láaŋ	ล้าง
ありがとう	khɔ̀ɔp khun	ขอบคุณ
ある	mii, yùu	มี, อยู่
いい	dii	ดี
いいえ	plàaw, mây chây	เปล่า, ไม่ใช่

言う	phûut,bɔ̀ɔk	พูด, บอก
家	bâan	บ้าน
イギリス	aŋkrìt	อังกฤษ
行く	pay	ไป
いくつ	kìi,thâwray	กี่, เท่าไร
いくら	thâwray	เท่าไร
意見	khwaam hěn	ความเห็น
医者	mɔ̌ɔ	หมอ
医者に診てもらう	pay hǎa mɔ̌ɔ	ไปหาหมอ
急いで	rîip	รีบ
忙しい	yûŋ	ยุ่ง
痛い（外部的）	cèp	เจ็บ
痛い（内部的）	pùat	ปวด
一番～	thîisùt	ที่สุด
一緒に	dûay (kan)	ด้วย (กัน)
いつ	mɯ̂arày	เมื่อไหร่
いつも	samə̌ə	เสมอ
犬	mǎa	หมา
命	chiiwít	ชีวิต
いま	tɔɔnníi	ตอนนี้
意味	khwaammǎay	ความหมาย
～を意味する	mǎaykhwaam wâa	หมายความว่า
いる	yùu	อยู่
色	sǐi	สี
受け取る	ráp, dâyráp	รับ, ได้รับ
失う	sǐa	เสีย
嘘をつく	koohòk	โกหก
歌	phleeŋ	เพลง
歌う	rɔ́ɔŋ	ร้อง
歌うこと	kaan rɔ́ɔŋ	การร้อง
疑う	sǒŋsǎy	สงสัย
宇宙	awákàat	อวกาศ
宇宙飛行士	nákbin awakàat	นักบินอวกาศ
美しい	sǔay	สวย
馬	máa	ม้า

生まれる	kàət	เกิด
生まれ変わる	kàət mày	เกิดใหม่
嬉しい	diicay	ดีใจ
映画	năŋ	หนัง
映画館	rooŋnăŋ	โรงหนัง
英語	phaasăa aŋkrìt	ภาษาอังกฤษ
描く	wâat	วาด
駅	sathăanii	สถานี
エビ	kûŋ	กุ้ง
得る	dây, dâyráp	ได้, ได้รับ
おいしい	arɔ̀y	อร่อย
教える	sɔ̌ɔn	สอน
お母さん	khun mɛ̂ɛ	คุณแม่
お金	ŋən	เงิน
送る	sòŋ	ส่ง
夫	săamii	สามี
男	phûuchaay	ผู้ชาย
お腹が空く	hǐw khâaw	หิวข้าว
思い出す	nɯ́k ɔ̀ɔk	นึกออก
終わる	còp, sèt	จบ, เสร็จ
女	phûuyǐŋ	ผู้หญิง

か行

外国	tàaŋ prathêet	ต่างประเทศ
会社	bɔɔrísàt	บริษัท
買う	sɯ́ɯ	ซื้อ
買いに行く	pay sɯ́ɯ	ไปซื้อ
飼う	líaŋ	เลี้ยง
帰る	klàp	กลับ
変える	plìan	เปลี่ยน
顔	nâa, nâataa	หน้า, หน้าตา
価格	raakhaa	ราคา
書く	khǐan	เขียน
学部	khaná	คณะ
過去の事	rɯ̂aŋ khɔ̌ɔŋ adìit	เรื่องของอดีต
賢い	chalàat	ฉลาด
過失	khwaam phìt	ความผิด
歌手	nákrɔ́ɔŋ	นักร้อง
貸す	hây yɯɯm	ให้ยืม
家族	khrɔ̂ɔpkhrua	ครอบครัว
課長	hŭanâa phanɛ̀ɛk	หัวหน้าแผนก
学科	săakhăa wícháa	สาขาวิชา
必ず	nɛ̂ɛ nɔɔn	แน่นอน
彼女	kháw	เขา
構わない	kɔ̂ châŋ	ก็ช่าง
我慢する	òt thon	อดทน
辛い	phèt	เผ็ด
彼、彼女	kháw	เขา
軽い	baw	เบา
考える	khít	คิด
関係	khwaam sămphan	ความสัมพันธ์
関心がある	sŏncay	สนใจ
感想	khwaam hĕn	ความเห็น
感動する	pratháp cay	ประทับใจ
聞く	faŋ	ฟัง
汚い	sòkkapròk	สกปรก
昨日	mɯ̂awaanníi	เมื่อวานนี้
今日	wanníi	วันนี้
業務	kaan ŋaan	การงาน
恐怖	khwaam klua	ความกลัว
去年	piithîiléɛw	ปีที่แล้ว
君	thəə, khun	เธอ, คุณ
下さい	khɔ̌ɔ	ขอ
車	rót	รถ
くれる	hây	ให้
軍事	kaan thahăan	การทหาร
経済	sèetthakìt	เศรษฐกิจ
経済学	sèetthasàat	เศรษฐศาสตร์
消す	lóp	ลบ
結婚する	tɛ̀ŋŋaan	แต่งงาน
高熱	khây sŭuŋ	ไข้สูง
幸福な	sùk	สุข
国際間の～	rawàaŋ prathêet	ระหว่างประเทศ

ここに	thîinîi	ที่นี่
事	rʉ̂aŋ	เรื่อง
今年	piiníi	ปีนี้
異なった	tàaŋ	ต่าง
この	níi	นี้
好む	chɔ̂ɔp	ชอบ
ごはん	khâaw	ข้าว
これ	nîi	นี่
～頃	tɔɔn	ตอน
殺す	khâa	ฆ่า
怖がる	klua	กลัว

さ行

探す	hǎa	หา
～作（品）	rʉ̂aŋ	เรื่อง
さっき	mʉ̂akîiníi	เมื่อกี้นี้
砂糖	námtaan	น้ำตาล
寂しい	ŋǎw	เหงา
散歩する	dəən lên	เดินเล่น
～される	thùuk, doon	ถูก, โดน
～さん	khun	คุณ
～しかない	phiŋ tɛ̀ɛ	เพียงแต่
～したい	yàak (cà)	อยาก (จะ)
～したり	bâaŋ bâaŋ	บ้าง..บ้าง
～して下さい	chûay (nɔ̀y)	ช่วย..(หน่อย)
～しない	mây	ไม่
～しないで	yàa	อย่า
～時	weelaa, tɔɔn	เวลา, ตอน
幸せな	sùk	สุข
塩	klʉa	เกลือ
時間	weelaa	เวลา
～時間	chûamoŋ	ชั่วโมง
仕事	ŋaan,aachîip	งาน, อาชีพ
仕事を探す	hǎa ŋaan	หางาน
自由	sěeriiphâap	เสรีภาพ
週、～週間	aathít	อาทิตย์
手術する	phàa tàt	ผ่าตัด
手術用の	sǎmràp phàa tàt	สำหรับผ่าตัด
趣味	ŋaan adìrèek	งานอดิเรก
紹介する	nɛ́nam	แนะนำ
上手な	kèŋ	เก่ง
小説	nawáníyaay	นวนิยาย
冗談を言う	phûut lên	พูดเล่น
女性	phûuyǐŋ	ผู้หญิง
商売	kaan kháa	การค้า
信念	khwaam chʉ̂a	ความเชื่อ
信じる	chʉ̂a	เชื่อ
睡眠	kaan nɔɔn	การนอน
好き	chɔ̂ɔp	ชอบ
～すぎる	kəən pay	เกินไป
少し	nítnɔ̀y	นิดหน่อย
捨てる	thíŋ	ทิ้ง
住む	aasǎy yùu	อาศัยอยู่
性格	nísǎy	นิสัย
西暦	khɔɔ sɔ̌ɔ	ค.ศ.
世界	lôok	โลก
世界で	nay lôok	ในโลก
石油	námman	น้ำมัน
説明する	athíbaay	อธิบาย
洗濯する	sák phâa	ซักผ้า
全部で	tháŋmòt	ทั้งหมด
象	cháaŋ	ช้าง
掃除をする	tham khwaam saʔàat	ทำความสะอาด
速度	khwaam rew	ความเร็ว
それから	lɛ́ɛw khɔ̂y	แล้วค่อย
それで	ləəy, cʉŋ	เลย, จึง

た行

タイ	thay	ไทย
タイ語	phaasǎa thay	ภาษาไทย
タイ国	mʉaŋ thay	เมืองไทย
タイ人	khon thay	คนไทย
タイ料理	aahǎan thay	อาหารไทย
たいして～でない	mây khɔ̂y	ไม่ค่อย
第～	thîi	ที่
大事な	sǎmkhan	สำคัญ

大切な	sǎmkhan	**สำคัญ**
体重	námnàk	**น้ำหนัก**
たいてい	dooy mâak	**โดยมาก**
高い（高低）	sǔuŋ	**สูง**
高い（値段）	phɛɛŋ	**แพง**
高さ	khwaam sǔuŋ	**ความสูง**
たくさん	mâak, yə́	**มาก, เยอะ**
タクシー	thɛ́ksîi	**แท็กซี่**
出す	ɔ̀ɔk	**ออก**
助ける	chûay	**ช่วย**
闘う、戦う	tɔ̀ɔ sûu	**ต่อสู้**
立つ	yɯɯn	**ยืน**
だって	phrɔ́ (wâa)	**เพราะ (ว่า)**
建てる	sâaŋ	**สร้าง**
楽しい	sanùk	**สนุก**
食べる	kin, thaan	**กิน, ทาน**
食べに行く	pay kin	**ไปกิน**
貯める	kèp	**เก็บ**
誰	khray	**ใคร**
男性	phûuchaay	**ผู้ชาย**
短編小説	rɯ̂aŋ sân	**เรื่องสั้น**
違う	tàaŋ	**ต่าง**
地下鉄	rótfay tâydin	**รถไฟใต้ดิน**
父	phɔ̂ɔ, khun phɔ̂ɔ	**พ่อ, คุณพ่อ**
中国語	phaasǎa ciin	**ภาษาจีน**
ちょうど	troŋ, phɔɔ dii	**ตรง, พอดี**
ちょっと	nɔ̀y	**หน่อย**
使う	cháy	**ใช้**
疲れた	nɯ̀ay	**เหนื่อย**
月	dɯan	**เดือน**
作る	tham	**ทำ**
告げる	bɔ̀ɔk	**บอก**
妻	phanrayaa	**ภรรยา**
冷たい	yen	**เย็น**
つもり	cà	**จะ**
手	mɯɯ	**มือ**
敵	sàttruu	ศัตรู
できる	dây	**ได้**
～です	pen	**เป็น**
でないと	míchanán	**มิฉะนั้น**
電話	thorasàp	**โทรศัพท์**
電話代	khâa thorasàp	**ค่าโทรศัพท์**
電話番号	bəə thorasàp	**เบอร์โทรศัพท์**
電話が来る	thoo maa	**โทรมา**
電話をかける	thoo pay	**โทรไป**
どう、どれほど	yàaŋray, yaŋŋay	**อย่างไร, ยังไง**
どうして	thammay	**ทำไม**
特に	dooy chaphɔ́	**โดยเฉพาะ**
ところで	lɛ́ɛw (kɔ̂ɔ)	**แล้ว(ก็)**
とても	mâak, yîŋ	**มาก, ยิ่ง**
どの人	khon nǎy	**คนไหน**
止まる	yùt	**หยุด**
トムヤムクン	tômyamkûŋ	**ต้มยำกุ้ง**
友だち	phɯ̂an	**เพื่อน**
ドリアン	thúrian	**ทุเรียน**
取る	aw, kèp	**เอา, เก็บ**
どれくらい	khɛ̂ɛ nǎy, thâwray	**แค่ไหน, เท่าไร**

な行

ない	mây, mây mii	**ไม่, ไม่มี**
何	aray	**อะไร**
何でも	aray kɔ̂, thúk yàaŋ	**อะไรก็, ทุกอย่าง**
何人	kìi khon	**กี่คน**
～にとっては	sǎmràp	**สำหรับ**
日本	yîipùn	**ญี่ปุ่น**
日本人	khon yîipùn	**คนญี่ปุ่น**
日本料理	aahǎan yîipùn	**อาหารญี่ปุ่น**
～ね	ná	**นะ**
熱	khây	**ไข้**
年、～年間	pii	**ปี**
～の	khɔ̌ɔŋ	**ของ**
～の時	welaa,mɯ̂a	**เวลา, เมื่อ**
～の方が	kwàa	**กว่า**
値段	rakhaa	**ราคา**

寝る	nɔɔn	นอน
眠る	nɔɔn làp	นอนหลับ
飲む	dùwm, kin	ดื่ม, กิน
乗る	khûn	ขึ้น

は行

ハサミ	kankhray	กรรไกร
働く	thamŋaan	ทำงาน
話す	phûut	พูด
母	mɛ̂ɛ, khun mɛ̂ɛ	แม่, คุณแม่
早い	cháaw	เช้า
速い	rew	เร็ว
バラの花	dɔ̀ɔk kulàap	ดอกกุหลาบ
番号	bəə	เบอร์
～番目	thîi	ที่
飛行機	khrûaŋbin	เครื่องบิน
一人で	khon diaw	คนเดียว
非難する	tamnì, wâa	ตำหนิ, ว่า
暇な	wâaŋ	ว่าง
暇な時	weelaa wâaŋ	เวลาว่าง
ビール	bia	เบียร์
プーケット	phuukèt	ภูเก็ต
～分	naathii	นาที
プレゼント	khɔ̌ɔŋkhwǎn	ของขวัญ
兵士	thahǎan	ทหาร
～べき	khuan,nâa cà	ควร, น่าจะ
ベトナム	wîatnaam	เวียดนาม
弁護士	thanaaykhwaam	ทนายความ
報告書	raayŋaan	รายงาน
ぼく	phǒm	ผม
歩行	kaan dəən	การเดิน
本	náŋsɯ̌ɯ	หนังสือ
～本目	khùat thîi	ขวดที่

ま行

まず	kɔ̀ɔn	ก่อน
まだ	yaŋ	ยัง
まだ～しないで	yàa phêŋ	อย่าเพิ่ง
まったく～でない	mây ləəy	ไม่..เลย
窓	nâatàaŋ	หน้าต่าง
学ぶ	rian	เรียน
間に合う	than	ทัน
マンゴー	mamûaŋ	มะม่วง
水	nám,náam	น้ำ
見る、観る	duu	ดู
見に行く	pay duu	ไปดู
難しい	yâak	ยาก
息子	lûuk chaay	ลูกชาย
娘	lûuk sǎaw	ลูกสาว
命じる	sàŋ	สั่ง
～も	kɔ̂, kɔ̂ɔ	ก็
持っている	mii	มี
問題	panhǎa	ปัญหา

ら行

離婚する	yàa	หย่า
料理	aahǎan	อาหาร
レストラン	pháttaakhaan	ภัตตาคาร

や行

訳す	plɛɛ	แปล
約束する	sǎnyaa	สัญญา
安い	thùuk	ถูก
休む	yùt	หยุด
誘拐する	lák tua	ลักตัว
幽霊	phǐi	ผี
ゆっくりした	cháa	ช้า
良い	dii	ดี
～用の	sǎmràp	สำหรับ
読む	àan	อ่าน

わ行

～若い（男）	nùm	หนุ่ม
～若い（女）	sǎaw	สาว
分かる	khâwcay	เข้าใจ
私	phǒm, dichán	ผม, ดิฉัน
渡す	hây	ให้

ドリル解答

●解答の見方＝丁寧の文末詞（kháp / khá, khâ）は省略してある。なお、回答が複数考えられる場合は（　）で示した。中にはそれ以外の解答でも正しい場合がある。

発音編 1（4 頁）

1 ①mǎa ②noo ③kɔ̂ɔ ④sɯ́ɯ ⑤yùu

2 ①máay mày ②sɯ̀a nǎa ③nîi mày máy ④yàa nǐi maa

5 ①níi ②yâa ③mày ④rɯ́ ⑤bɔ̀ ⑥mây ⑦sɯ̌a ⑧hǔa ⑨pia

発音編 2（8 頁）

1 ①phaa ②tɔɔ ③cɛɛ ④khuu

2 ①k ②th ③h ④f ⑤c ⑥p ⑦ph ⑧t ⑨ch

3 ①w ②n ③t ④k ⑤p ⑥m ⑦y ⑧ŋ ⑨ʔ

第 1 課（13～22 頁）

2 ①そこはホテルです ②あちらに滝があります ③thîinîi mii cháaŋ ④khun mɛ̂ɛ khon nǎy

4 ①aacaan yùu thîi mahǎawítthayaalay 先生は大学にいます
aacaan mây yùu thîi mahǎawítthayaalay
②phûak kháw yùu thîi ráan kaafɛɛ 彼らは喫茶店にいます
phûak kháw mây yùu thîi ráan kaafɛɛ
③khun mɛ̂ɛ yùu thîi talàat お母さんは市場にいます khun mɛ̂ɛ mây yùu thîi talàat

6 ①khun pen khon thay rɯ̌ɯ plàaw (rɯ́)
②plàaw (mây chây), phǒm (dichán) pen khon yîipùn
③kháw pen thanaaykhwaam rɯ́ (rə̌ə)

9 ①lɛ́ɛw khun mii ŋən rɯ̌ɯ plàaw ②cà pay duu nǎŋ, lɛ́ɛw kɔ̂ɔ pay thaan khâaw

第 2 課（23～32 頁）

2 ①車を止める、mây cɔ̀ɔt rót ②タイ料理はからい、aahǎan thay mây phèt
③phǒm (dichán) dɯ̀ɯm náam, phǒm (dichán) mây dɯ̀ɯm náam
④kháw sɔ̌ɔn phaasǎa aŋkrìt, kháw mây sɔ̌ɔn phaasǎa aŋkrìt

4 ①cà pay wîatnaam ②phǒm (dichán) cà mây tamnì khun
③mɯ̂awaanníi mây dây pay bɔɔrisàt ④phîichaay yaŋ mây dây thamŋaan
⑤piithîilɛ́ɛw dichán yàa kàp sǎamii

6 ①彼（彼女）と連絡ができません ②ぼくにも小説がかけます ③貧しい人を軽蔑してはいけない
④phrûŋníi pay dây, phrûŋníi pay mây dây
⑤tham aahǎan thay dây, tham aahǎan thay mây dây
⑥pə̀ət nâatàaŋ kɔ̂ dây, pə̀ət nâatàaŋ mây dây
⑦kin khanǒm kɔ̂ dây, kin khanǒm mây dây

7 ①aahǎan níi tham yàaŋray (yaŋŋay) ②cà phûut yàaŋray (yaŋŋay) dii
③(khun) phɔ̂ɔ khít yàaŋray (yaŋŋay) kɔ̂ɔ dây

8 ①duu nǎŋ dûay kan ②(chûay) cɔ̀ɔt dûay ③khǐan dûay mɯɯ, lóp dûay tháaw

9. ①máy, rɯ̌ɯ plàaw　カバンは重いですか？　②rɯ̌ɯ plàaw　彼は政治家ですか？
　 ③máy, rɯ̌ɯ plàaw　ビールを飲みますか？　④khun ŋăw máy (rɯ̌ɯ plàaw)
　 ⑤cà pay rɔ́ɔŋ phleeŋ máy (rɯ̌ɯ plàaw)
13. ①thaan aahăan yîipùn dii máy　②cà pay sɯ́ɯ khɔ̌ɔŋkhwăn dii máy

第3課 (33〜40頁)

2. ①khɯɯ　②pen　③khɯɯ
　 ④khon nán khɯɯ khun praanii, khon nán mây chây khun praanii,
　 ⑤kaan rɔ́ɔŋ phleeŋ khɯɯ ŋaan adìrèek khɔ̌ɔŋ phǒm (dichán),
　 　kaan rɔ́ɔŋ phleeŋ mây chây ŋaan adìrèek khɔ̌ɔŋ phǒm (dichán)
3. ①tɛ̀ɛ　あなたは行く、でも私は行かない　②lɛ́　このカバンは大きい、そして重くもある
　 ③tɛ̀ɛ　顔はきれいだ、しかし意地悪だ
4. ①yàak (cà) thaan tômyamkûŋ　②yàak (cà) pay thîaw mɯaŋ thay
5. ①chûay phûut cháa cháa nɔ̀y (dây máy)　②chûay sòŋ námtaan nɔ̀y (dây máy)
　 ③chûay sɔ̌ɔn phaasǎa thay (hây) phǒm (dichán) nɔ̀y (dây máy)
7. ①khâa thoorasàp phɛɛŋ (kəən) pay　②thîinîi sòkkapròk kəən pay
　 ③khun thamŋaan mâak (kəən) pay
8. ①どう、元気？　②よくも私に嘘がつけるわね
11. 下は複数ある解答のうちの1つのみ。
　 ①khít　タイ国はとても住みやすいと思う　②sǒŋsǎy　我々はこの旅券は偽物だと疑っている
　 ③rîak　これはタイ語でなんと呼びますか？
12. ①duu kɔ̀ɔn, lɛ́ɛw khôy sɯ́ɯ　②thaan kɔ̀ɔn, lɛ́ɛw khôy ɔ̀ɔk khwaam hěn
13. ①彼（彼女）はたぶん正午前に来るだろう　②我々はたぶん敵に勝つだろう
　 ③彼（彼女）はたぶん真実を知らないだろう
14. ①thəə chalàat kwàa kháw　②khrɔ̂ɔpkhrua sǎmkhan kwàa ŋaan
　 ③piiníi mii khwaam sùk mâak kwàa piithîilɛ́ɛw　④khun pay hǎa mɔ̌ɔ dii kwàa
　 ⑤khûn bii-thii-es rew kwàa

第4課 (41〜48頁)

1. ①もう顔を洗いましたか？　láaŋ lɛ́ɛw,　yaŋ mây dây láaŋ
　 ②あなたはもう分かりましたか？　khâwcay lɛ́ɛw,　yaŋ mây khâwcay
3. ①戦争と平和　②家は川の近くにあります　③phǒm (dichán) chɔ̂ɔp thúrian kàp mamûaŋ
　 ④kháw tɛ̀ŋŋaan kàp phǔan khɔ̌ɔŋ dichán (phǒm)
5. ①この水は飲むのに（飲用に）適さない　②食事代として500バーツ払う
　 ③kankray níi cháy sǎmràp phàa tàt　④sǎmràp khon thay sěeriiphâap sǎmkhan mâak
6. ①（たったの）100バーツしかない　②このプレゼントはあなただけにあげます
　 ③pháttaakhan (ráan aahǎan) níi mii tɛ̀ɛ aahǎan phɛɛŋ (thâwnán)
　 ④phǒm (dichán) chɔ̂ɔp aahǎan thay thúk yàaŋ, dooy chaphɔ́ tôm yam kûŋ
8. ①tɔ̂ŋ　英語で書かなくてはならない、mây tɔ̂ŋ　英語で書く必要がない、khuan　英語で書くべきだ
　 ②mây tɔ̂ŋ　あなたは泣く必要はない　③tɔ̂ŋ　雨が降るにちがいない

159

9 下は複数ある解答のうちの１つのみ。
①khun yaay wây phrá yùu　おばあさんは仏像を拝んでいるところです
②nɔ́ɔŋchaay kamlaŋ àan kaatuun yîipùn yùu　弟は日本の漫画を読んでいるところだ

10 ①kèp ŋən phŵa (cà) sâaŋ bâan　②maa mɯaŋ thay phŵa (cà) phóp kàp khun

12 ①とりあえず窓は開けておいて　②お菓子は全部食べ尽くした
③raakhaa námman thùuk loŋ nítnɔ̀y

13 ①あなたはどうして彼（彼女）が嫌いなの？　②koohòk dichán thammay

第５課（49～56 頁）

1 ①yàa phûut lên (ná)　または　phûut lên mây dây (ná)　②yàa phâŋ bɔ̀ɔk kháw (ná)

4 ①おばあさんは孫にお金をあげた　②私が写真を撮ってあげます　③あなたの文章を直してあげます
④kháw hây dɔ̀ɔk kulàap dichán　⑤(cà) khǐan bəə thoorasàp hây khun

5 ①この辺りに用事がありました。それで私は立ち寄ったんです。
②mii khây sǔuŋ, ləəy (cɯŋ) yùt ŋaan

6 ①phrɔ́ (wâa) nùay mâak, ləəy yàak (cà) nɔɔn
②thammay mây kin (thaan), phrɔ́ (wâa) yaŋ mây hǐw

8 ①私は会議はあまり好きではない　②phǒm (dichán) mây khɔ̂y sǒncay kaan mɯaŋ
③phaasǎa thay mây khɔ̂y yâak

第６課（57～64 頁）

2 ①先生は生徒に国歌を教えて覚えさせた　②絵をきれいに描きなさい（描く）
③mɛ̂ɛ sàŋ hây lûuksǎaw pay rooŋrian kùat wíchaa　④kɛ̂ɛ prayòok hây thùuk tɔ̂ŋ

3 ①mŵakhîiníi khray thoo maa　②khun yàak cà tham aray
③phǒm (dichán) sǎnyaa kàp khun mŵarày
④khrɔ̂ɔpkhrua khɔ̌ɔŋ khun mii tháŋmòt kìi khon　⑤kruŋthêep rɔ́ɔn khɛ̂ɛnǎy

4 ①チープ・プージン（女性を口説く）というのはナンパという意味です。
②sɯm mǎay khwaam (plɛɛ) wâa hekomu

5 ①pen　あなたは泳げますか？　②wǎy　この家は高くて、買えない
③dây　タイ料理はどれも食べられます　④pen (dây) 今はタイ人もさしみを食べることができる

6 ①食べ物がたくさんあって、食べきれません　②rŵaŋ nay adìit phǒm (dichán) nɯ́k mây ɔ̀ɔk

7 ①彼はお金持ちかもしれない　②phanrayaa àat (cà) mây chŵa phǒm kɔ̂ dâay

8 下は複数ある解答のうちの１つのみ。
①hěn cà sɔ̀ɔp tòk nɛ̂ɛ　絶対、試験に落ちたと思う
②aacaan mák cà maa lǎŋ thîaŋ　教授はたいてい午後に来ます
③mahǎawítthayaalay níi thâa cà khâw yâak　この大学は入学が難しそうだ

第７課（65～72 頁）

1 ①地球の最後の日　②これは今日初めての食事です　③bia kɛ̂ɛw thîi sǎam
④phǒm (dichán) sɯ́ɯ rót khan thîi sɔ̌ɔŋ

2 ①khaná khwaam sǎmphan rawàaŋ prathêet　②sǎakhǎa wíchaa phaasǎa thay

4　①tɔɔnníi 11 mooŋ 45 naathii　②tɔɔnníi 6 mooŋ troŋ
　　③ìik 10 naathii cà thɯ̌ŋ 5 mooŋ (yen)
5　①私たちは3月31日の前に引っ越さなくてはいけない
　　②phǒm (dichán) kə̀ət mɯ̂a wan thîi (　　) dɯan (　　) khɔɔ sɔ̌ɔ (　　)
6　①私は月に5日ゴルフをします　②cà pay thîaw mɯaŋ thay 2 aathít
　　③khun khuan cà òt thon 3 pii
7　①テレビで見たことがあります　②タイ人は一般的に日本が好きです
　　③(cà) pay phuukèt dooy khrɯ̂aŋbin　④phruŋ rót dûay klɯa lɛ́ námtaan

第8課（73〜80頁）

1　下は複数ある解答のうちの1つのみ。
　　①kɔ̀ɔn (thîi) cà　試験を受ける前、私はいつも緊張する　②weelaa　病気の時は、薬を飲んだ方がよい
　　③lǎŋ càak　お酒を一杯飲んだ後で、彼（彼女）の顔は赤くなった
2　①育児をしたり、カラオケを歌いに行ったり　②お寺の中には大人も子供たちもたくさんいる
　　③kháw phûut tháŋ phaasǎa aŋkrìt lɛ́ phaasǎa ciin dây (pen)
　　④weelaa wâaŋ, tham khwaam saʔàat bâan sák phɯ̂a bâaŋ
4　①ゆっくり歩いて来ます（来なさい）　②たった今、部屋から出て行って
　　③sòŋ phɯ̂an pay thɯ̌ŋ sathǎanii rótfay tâydin
　　④スプーンを使って、鶏肉カレーを食べる　⑤肉を煮たが、まだ火が通っていない
　　⑥hǔanâa phanɛ̀ɛk àan raayŋaan còp
　　⑦私たちは互いに理解し始めた　⑧誰が間違いを犯したか考えてごらんなさい
　　⑨cà lə̂ək khóp kàp kháw tâŋtɛ̀ɛ wanníi　⑩phǒm (dichán) yɔɔm sǐa salá phɯ̂a khrɔ̂ɔpkhrua

第9課（81〜88頁）

1　①kháw chók muay mây kèŋ　彼はボクシングが上手ではない
　　②tham aahǎan yaŋ mây sèt　料理をまだ作り終えていない
2　①cuan　そろそろ電車が来ます　②chák　私はあなたを嫌いになりかけている
　　③kɯ̀ap　あやうく飛行機に乗るのに間に合わないところだった
　　④phə̂ŋ　私たちはバンコクに到着したばかりです
3　①何か話（用）がありますか？　②文句（言いがかり）をつけないほうがよい
　　③nay (náŋsɯ̌ɯ) lêm níi mii rɯ̂aŋ sân 10 rɯ̂aŋ
4　①lûukchaay thùuk (doon) lák tua　②phǒm (dichán) mây yàak thùuk (doon) khâa taay
5　①彼のせいで私たちは難儀した　②戦争が起きたせいで石油価格が高騰した
　　③khɔ̀ɔp khun mâak thîi tham hây raw prathàp cay
6　①mɯ̌an　この人はその人と同様にお喋りが上手だ　khon níi kàp khon nán khuy kèŋ mɯ̌an kan
　　②kláay　タイ語とラオス語は発音が似ている　phaasǎa thay ɔ̀ɔk sǐaŋ kláay kàp phaasǎa laaw
　　③thâw　リンゴとマンゴーは重さが同じです　ɛ̀ppən námnàk thâw kàp mamûaŋ
　　④diaw　私は古いのとまったく同じタイプの新車を買った

第 10 課（89～96 頁）

[3] ①mây ②mây dây ③mây

[4] ①thîinîi mây mii khray ləəy ②phǒm (dichán) mây yàak (cà) thaan aray ləəy
③athíbaay yàaŋray (thâwray), kháw (kɔ̂) mây khâwcay

[5] ①phǒm (dichán) kàp khun mii aachîip tàaŋ kan
②phûak kháw mii khwaam hěn khon lá yàaŋ (tàaŋ kan)

[7] ①お菓子と果物だけを食べる ②このカバンは値段が 1 万バーツもした ③土曜日は半日だけ働きます
④khɔ̂ɔpkhrua khɔ̌ɔŋ phǒm (dichán) mii khɛ̂ɛ 3 khon (thâwnán)
⑤rian phaasǎa thay (khɛ̂ɛ) 6 dɯan thâwnán ⑥aasǎy yùu thîinîi tâŋ 50 pii

第 11 課（97～104 頁）

[1] ①この魚はまだ生きている ②私のガンは治りました
③yâak mâak, plɛɛ pen phaasǎa thay mây dây

[3] ①あなたはひたすら食べ、ひたすら寝るだけだ ②rîip pay (sí), míchanán cà mây than

[6] ①魚と肉ではあなたはどちらが好きですか？
②aahǎan thay kàp aahǎan wîatnaam yàaŋ nǎy sǎəm phalaŋ mâak kwàa kan

[7] ①yɔ̂m cà 良い行いをすれば、当然良いものが得られる
②khɔ̂n khâaŋ cà 今年はかなり暑くなりそうだ
③duu mɯ̌an cà このお店はどうも新規開店のようだ ④thɛ̂ɛp cà 気が狂うほど悩んでいます

第 12 課（105～112 頁）

[2] ①rian sèetthasàat 4 pii ②mɯ̂awaanníi dəən lên thîi sǔan sǎathǎaraná 30 naathii
③tɔɔn nùm nùm, phǒm thamŋaan wan lá 16 chûamooŋ

[3] ①あなたに幸運がありますように（ごきげんよう） ②khɔ̌ɔ bia 2 khùat
③khɔ̌ɔ nɛ́nam khun yuumíkò

[4] ①もしとても疲れているのなら、お酒を飲むべきではない
②nákrɔ́ɔŋ khon nán khuan cà pay khɔ̌ɔ thôot aacaan
③mây klâa pay ameeríkaa khon diaw

[5] ①彼は会社の中で一番ゴルフが上手です
②phǒm (dichán) chɔ̂ɔp khun mɛ̂ɛ mâak thîisùt nay lôok

[7] ①誰が間違ったの、あなたそれとも彼（彼女）？ ②mɛ́ɛ tɛ̀ɛ thahǎan yaŋ klua phǐi yùu
③あの店は売れ行きがよいのにつぶれた ④関係者を除いて、部屋に入ってはいけない
⑤thɯ̌ŋ mɛ́ɛ (wâa) cà sǔay, (tɛ̀ɛ) nísǎy mây dii

第 13 課（113～120 頁）

[1] ①練習すればするほど上手になる
②sǒmmút (wâa) kəət mày ìik, phǒm yàak cà pen nák awákàat
③日本人は勤勉に働く。それで国が急速に発展した
④yàaŋray kɔ̂ɔ taam phǒm (dichán) cà hǎa ŋaan thîi mɯaŋ thay

[2] ①kaan ŋaan ②khwaam klua ③kaan dəən ④kaan nɔɔn ⑤kaan khrua

⑥khwaam rew ⑦khwaam chʉ̂a ⑧khwaam sǔuŋ ⑨kaan thahǎan ⑩khwaam phìt ⑪kaan kháa ⑫kaan tàaŋ prathêet

3 ①nay ②khâŋ nɔ̂ɔk ③bon ④lǎŋ ⑤rawàaŋ

文字編 1（121～124 頁）

3 1.①khɔ̌ɔ ②dɔɔ ③bɔɔ ④mɔɔ ⑤ŋɔɔ ⑥tɔɔ ⑦cɔɔ ⑧rɔɔ ⑨thɔɔ ⑩phɔ̌ɔ ⑪nɔɔ ⑫sɔ̌ɔ ⑬wɔɔ ⑭pɔɔ ⑮ʔɔɔ

2.①低類字 ②低類字 ③高類字 ④高類字 ⑤低類字 ⑥低類字 ⑦中類字 ⑧中類字 ⑨高類字 ⑩高類字

3.①ม ②ร ③ว ④ข ⑤ง ⑥ฝ ⑦จ ⑧ศ, ส, ษ ⑨ห ⑩บ

文字編 2（125～130 頁）

3 1.①thaa ②naa ③pii ④too ⑤ram ⑥lɛɛ ⑦ruu ⑧mɯɯ ⑨raw ⑩wua ⑪yaa ⑫nam ⑬ŋuu ⑭nay ⑮tham ⑯plaa ⑰khray ⑱khruu

2.①phǐi ②thǎy ③hɔ̌ɔ ④khǎw (kháw) ⑤sǐa ⑥phǎw ⑦sʉ̌a ⑧fǐi ⑨thɯ̌ɯ ⑩sǎy

3.①è ②èʔàʔ ③kèʔkàʔ ④thəʔ ⑤khlɔ̀ʔ ⑥khèʔkhàʔ ⑦lóʔ ⑧yə́ʔyɛ́ʔ ⑨phúʔ ⑩wɛ́ʔ

4 1.①taay ②tookiaw ③klaaŋ ④kɛɛŋ ⑤ciin ⑥khɔ̌ɔŋ ⑦khǎay ⑧khǎaw ⑨sǐaŋ ⑩mɯaŋ ⑪rooŋrɛɛm ⑫phleeŋ

2.①kin ②con ③an ④pen ⑤phǒm ⑥hǐw ⑦thǔŋ ⑧sǒŋsǎy ⑨wan ⑩loŋ ⑪rew ⑫khun

5 ①dɔ̀ɔk ②cɔ̀ɔt ③càp ④tòk ⑤pə̀ət ⑥pùat ⑦khɛ̀ɛk ⑧khùat ⑨sɯ̀ɯp ⑩thùuk ⑪thɔ̀ɔt ⑫sɔ̀ɔp ⑬lɛ̂ɛk ⑭mɯ̂ɯt ⑮ŋîap ⑯mâak ⑰lʉ̂at ⑱chɔ̂ɔp

6 ①təəm ②ləəy ③khɯɯn ④sǔam ⑤kəən ⑥ruay ⑦khəəy ⑧pɯɯn ⑨yɯɯm ⑩dəən thaaŋ ⑪lə̂ək ⑫klɯɯn ⑬sǔan ⑭phə̌əy ⑮muay ⑯chə̌əy ⑰nəən ⑱yɯɯn ⑲ruam ⑳phə̂əm

文字編 3（131～132 頁）

2 1.①bàay ②kàw ③tàm ④tɯ̀ɯn ⑤àan ⑥dây ⑦kâwʔîi ⑧ûan ⑨kâaw ⑩tôm ⑪dâay ⑫kwâaŋ ⑬kěe ⑭dǐaw ⑮búay

2.①khày ②hɔ̀ɔ ③sùan ④khɯ̀an ⑤thùa ⑥sìi ⑦sòŋ ⑧sàŋ ⑨phâa ⑩khâw ⑪hâa ⑫khâwcay ⑬sân ⑭hɛ̂ɛŋ ⑮phʉ̂ŋ

3.①nîi ②phîi ③wâaŋ ④rʉ̂aŋ ⑤yâaŋ ⑥níi ⑦cháa ⑧rɔ́ɔŋ ⑨kláay ⑩lɛ́ɛw ⑪nɔ́ɔy ⑫nân ⑬chán ⑭yím ⑮khrʉ̂ŋ

文字編 4（133～136 頁）

1 ①àat ②ɓàat ③chəən ④maan ⑤thôot ⑥rôok ⑦prathêet ⑧phʉ̂ɯt

2 ①rʉ̌ɯ ②nǔu ③wǎan ④yùt ⑤nàk ⑥nɯ̀ŋ ⑦mɔ̂ɔ ⑧lâw ⑨mɔ̌ɔ

3 ①khanàat ②sanùk ③chalàat ④arɔ̀y ⑤talàat ⑥chanít ⑦khanǒm ⑧chaná ⑨sabaay ⑩sadɛɛŋ ⑪sahǎay ⑫aphay

4 ①phǒnlamáay ②chonnabòt ③khunnaphâap ④phátthanaa ⑤rátthabaan

⑥sùkkhaphâap　⑦râatchakaan　⑧túkkataa

7　①364　②591　③278　④152　⑤435　⑥927　⑦806　⑧743　⑨689　⑩310

文字編 5（137～138 頁）

aayuumí rian yùu thîi kruŋthêep（あゆみはバンコクで勉強中です）

aayuumí pen phûuyǐŋ yîipùn.　tɔɔnníi kháw yùu thîi kruŋthêep.　phrɔ́ wâa aayuumí pen náksɯ̀ksǎa tàaŋ châat khɔ̌ɔŋ mahǎawítthayaalay thammasàat.　kháw aasǎy yùu thîi hɔ̌ɔ phák khɔ̌ɔŋ mahǎawítthayaalay lɛ́ khayǎn rian yùu thúk wan.

nay hɔ̌ɔ phák mii phɯ̂an khon thay lǎay khon.　phɯ̂an thúk khon caydii mâak.　baaŋ khon sɔ̌ɔn phaasǎa thay hây aayuumí lɛ́ baaŋ khon phaa kháw pay thîaw bɔ̀y bɔ̀y.

pròkkatì aayuumí chɔ́ɔp pay sɯ́ɯ sɯ̂a thɛ̌w sayǎam.　tɛ̀ɛ tɔɔnníi kháw mây khɔ̂y mii ŋən. phrɔ́chanán kháw khít wâa khɯɯnníi kháw cà tɔ̂ŋ thoo pay thîi bâan tookiaw phɯ̂a khɔ̌ɔ ŋən.

（訳）あゆみは日本の女性です。いま彼女はバンコクにいます。なぜなら、あゆみはタマサート大学の留学生だからです。彼女は大学の寮に住み、毎日真面目に勉強しています。寮にはタイ人の友達が何人もいます。友達はみんなとても親切です。ある人はあゆみにタイ語を教えてくれ、またある人はいつも彼女を遊びに連れて行ってくれます。いつもはあゆみはサヤーム辺りに服を買いに行くのが好きです。でもいまの彼女にはお金があまりありません。それで彼女は、お金をねだるために今晩、東京の家に電話をかけようと思っています。

文字編 6（139～140 頁）

aacaan thǎam kìawkàp bunbâŋfay（教授がロケット祈願祭について訊いた）

aayuumí sǒncay wátthanátham lɛ́ prapheenii booraan khɔɔŋ mɯaŋ thay mâak.　wan nɯ̀ŋ aacaan suphannii thǎam aayuumí kìawkàp prapheenii bun bâŋfay nay phâak iisǎan.
tɛ̀ɛ aayuumí tɔ̀ɔp mây dây sàk kham.

phrɔ́ wâa kháw yaŋ mây khəəy àan náŋsɯ̌ɯ thîi khǐan kìawkàp rɯ̂aŋ prapheenii nán lɛ́ yaŋ mây khəəy duu khɔ̌ɔŋ ciŋ.

kháw yàak cà rúu wâa thêetsakaan bunbâŋfay pen yàaŋray, mii mɯ̂aray lɛ́ duu dây thîinǎy.

tɔɔnnán phɯ̂an thîi yùu khâŋ khâaŋ kàp aayuumí bɔ̀ɔk wâa wan aathít rɛ̂ɛk khɔ̌ɔŋ dɯan nâa aayuumí mii welaa wâaŋ máy.　chán cà phaa khun pay chom kɔ̂ɔ lɛ́ɛw kan.　phrɔ́ wâa chán maa càak caŋwàt yasǒothɔɔn lɛ́ rúu kìawkàp thêetsakaan nán dii.　faŋ lɛ́ɛw,aayuumí kɔ̂ɔ diicay mâak.

（訳）あゆみはタイの古い文化や習慣にとても興味があります。ある日、スパンニー先生が東北地域のロケット祈願祭りの慣習についてあゆみに訊ねました。しかし、あゆみは一言も答えることができませんでした。なぜならば彼女はその慣習について書いてある本をまだ読んだことがなく、それに本物を見たこともなかったからです。彼女は、ロケット祈願祭りとはどのようなものなのか、いつあるのか、どこで見ることができるのかを知りたくなりました。その時、あゆみのすぐ隣にいた友達が「来月の最初の日曜日、あゆみは暇がある？私があなたを見物に連れて行ってあげる。だって私はヤソトーン県の出身で、そのお祭りについてはよく知っているから」と言いました。それを聞くと、あゆみはとても嬉しくなりました。

著者紹介

宇戸清治 [うど・せいじ]

1949年福岡県生まれ。東京外国語大学修士課程修了。
現在、東京外国語大学大学院教授（タイ語、タイ文学）。
主な著書・翻訳書：
『やさしいタイ語：文字の読み書き』（大学書林）、『やさしいタイ語：基本表現』（大学書林）、『現代タイ語会話』（大学書林）、『東南アジア文学への招待』（段々社）、『インモラル・アンリアル：現代タイ文学ウィン・リョウワーリン短編集』（サンマーク出版）、『鏡の中を数える：プラープダー・ユン短編集』（TYPHOON BOOKS JAPAN）、『パンダ』（プラープダー著、東京外国語大学出版会）など。

目録進呈　落丁本・乱丁本はお取替えいたします。

平成 20 年 10 月 30 日　　　Ⓒ第 1 版発行
平成 27 年 6 月 20 日　　　　第 4 版発行

たのしいタイ語
一冊で学ぶ会話、文法、文字

著　者　宇　戸　清　治
発行者　佐　藤　政　人

発　行　所
株式会社　**大学書林**
東京都文京区小石川 4 丁目 7 番 4 号
振　替　口　座　　00120-8-43740
電　話　（03）3812-6281〜3番
郵便番号112-0002

ISBN978-4-475-01885-2　　　横山印刷・常川製本

大学書林
語学参考書

著者	書名	判型	頁数
宇戸清治著	やさしいタイ語文字の読み書き	Ａ５判	152頁
宇戸清治著	やさしいタイ語基本表現	Ａ５判	204頁
宇戸清治著 M.ベンヤグソン	現代タイ語会話	Ｂ６判	512頁
松山　納著	タイ語辞典	Ａ５判	1312頁
松山　納著	日タイ辞典（改訂増補版）	Ａ５判	976頁
松山　納著	タイ日・日タイ簡約タイ語辞典(合本)	新書判	1136頁
松山　納著	簡約タイ語辞典	新書判	672頁
高橋康敏編	カナ引きタイ語実用辞典	新書判	544頁
松山　納著	日タイ辞典（ポケット版）	新書判	536頁
坂本恭章著	タイ語入門	Ｂ６判	854頁
岩城雄次郎著	タイ語二十八課	Ｂ６判	204頁
松山　納 坂本比奈子 編	タイ語基礎1500語	新書判	168頁
松山　納 坂本比奈子 編	タイ語常用6000語	Ｂ小型	512頁
河部利夫編	タイ語会話練習帳	新書判	160頁
松山　納 岩城雄次郎 編	実用タイ語会話	新書判	152頁
岩城雄次郎著	英語対照タイ語会話	Ｂ６判	160頁
岩城雄次郎 斉藤スワニー 著	タイ語ことわざ用法辞典	Ｂ６判	224頁
岩城雄次郎訳注	タイ国短篇小説選	Ｂ６判	200頁
岩城雄次郎訳注	現代タイ名詩選	Ｂ６判	192頁
大野　徹編	東南アジア大陸の言語	Ａ５判	320頁
松山　納著	東南アジア語の話	Ｂ６判	144頁

―目録進呈―